U0216111

吉林人民出版社

简体字本二十六史

卷六七——卷七二上

（三）

[宋] 欧阳修 宋祁 撰

王小甫等 标点

唐书卷六七
表第七

方镇四

	南阳	山南西道	荆南	安西	河西	陇右	剑南
景云元年				安西都护四镇经略大使。	置河西诸军州节度、支度营田督察九姓部落、赤水军兵马大使，领凉、		

					甘、肃、伊、瓜、沙、西七州，治凉州；副使治甘州，领都知河西兵马使。		
二年							
先天元年				北庭都护领伊西节度等使。			
开元元年							
二年					河西节度使兼陇右群牧		以益州长史领剑南道支度营

					都使、本道支度营田等使。		田、松、当、姚、巂州防御处置兵马经略使。
三年							
四年				安西大都护领四镇诸蕃落大使。			
五年						置陇右节度，亦曰陇西节度，兼陇右道经略大使，领秦、河、渭、鄯、兰、临、武、洮、岷、廓、叠、宕十二州，治鄯	

						州。	
六年				安西都护领四镇节度、支度经略使；副大都护领碛西节度、支度、经略等使，治西州。			
七年					河西节度增领经略大使。		升剑南支度、营田、处置、兵马经略使为节度使，兼昆明军使，领益、彭、蜀、汉、眉、绵、梓、遂、邛、剑、

							荣、陵、嘉、普、资、巂、黎、戎、维、茂、简、龙、雅、泸、合二十五州，治益州。
八年							
九年							
十年							
十一年							
十二年							
十三年							
十四年							
十五年				分伊西、北庭置二节度使。		陇右节度副使兼关西兵马使。	
十六年							

十七年							
十八年							
十九年				合伊西、北庭二节度为安西四镇北庭经略、节度使。			
二十年							
二十一年							
二十二年							剑南节度兼山南西道采访处置使，号山剑西道，增领文、扶、姚三州。
二十三年							

二十四年							
二十五年							
二十六年							
二十七年							
二十八年							剑南节度增领奉州。
二十九年				复分置安西四镇节度，治安西都护府。北庭伊西节度使，治北庭都护府。			
天宝元年							剑南节度增领霸州。

二年							
三载							
四载					以张掖郡太守领河西节度副使。		
五载							
六载							
七载							
八载							剑南节度增领保宁都护府。
九载							
十载							
十一载							
十二载							
十三载				安西四镇复			

				兼北庭节度。是年，复置二节度。			
十四载							
至德元载	襄阳、南阳二郡皆置防御守捉使，寻升南阳防御为节度使。 置兴平节度使，领上洛、安康、武当、房陵四郡，治上洛郡。	置山南西道防御守捉使。	置夔州防御守捉使。		河西节度兼陇右河西北路，未几而罢。	天水郡太守兼防御守捉使及大震关使。	

二载	废南阳节度使，升襄阳防御使为山南东道节度使，领襄、邓、隋、唐、安、均、房、金、商九州，治襄州。		置荆南节度，亦曰荆澧节度，领荆、澧、朗、郢、复、夔、峡、忠、万、归十州，治荆州。升夔州防御为夔峡节度使。	更安西曰镇西。			更剑南节度号西川节度使，兼成都尹，增领果州。以梓、遂、绵、剑、龙、阆、普、陵、泸、荣、资、简十二州隶东川节度。
乾元元年			废夔峡节度使。				
二年		置兴、凤二州都团练守捉使，治凤	置澧朗溆都团练使，治澧州。				

		州。	以夔、峡、忠、归、万五州隶夔州。				
上元元年			废澧朗溆都团练使。荆南节度使兼江南尹。荆南节度复领澧、朗、忠、峡四州。				
二年	废兴平节度使,置武关内外四州防御观察使,领州如故。		荆南节度增领涪、衡、潭、岳、郴、邵、永、道、连九州。				

宝应元年	金、商二州隶京畿。罢武关内外四州防御观察使。						剑南节度增领通、巴、蓬、渠四州，寻以四州隶山南西道，其后又领松、当、悉、柘、翼、恭、静、环、真九州。
广德元年		升山南西道防御守捉使为节度使，寻降为观察使，领梁、洋、集、壁、文、通、巴、兴、凤、利、					

		开、渠、蓬十三州，治梁州。					
二年			荆南节度罢领忠、涪二州，以衡、潭邵、永、道五州隶湖南观察使。置夔忠涪都防御使，治夔州。				剑南西川节度复领东川十五州。
永泰元年			荆南节度罢领岳州。				
大历			荆南节度复		河西节度徙		置邛南防御使，

元年			领澧、朗、涪三州。		治沙州。		治邛州，寻升为节度使，未几废。置剑南西山防御使，治茂州，未几废。复以十五州还东川节度。
二年				镇西复为安西，其后增领五十七蕃使。			
三年							剑南节度增领乾州。
四年							
五年							

六年							
七年							
八年							
九年							
十年							
十一年							
十二年							
十三年							
十四年							
建中元年		升山南西道观察使为节度使。					
二年							
三年							
四年							

兴元元年	置金、商二州都防御使。	山南西道节度使兼兴元尹，增领果、阆二州。					果州隶山南西道。
贞元元年	邓州隶东都畿。						
二年							
三年	山南东道节度增领复州。						
四年							
五年							
六年				泾原节度使兼领安西四镇、北庭节			

				度。			
七年							
八年							
九年							
十年	安州隶奉义军节度。						
十一年							西川节度增领统押近界诸蛮及西山八国云南安抚使。
十二年							
十三年							
十四年							
十五年							
十六年							

十七年							
十八年							
十九年							
二十年							
永贞元年							西川节度增领古州。
元和元年							
二年							
三年			涪州隶黔中节度。				
四年							西川节度复领资、简二州。
五年							
六年							

七年							
八年							
九年							
十年	置唐隋邓三州节度使，治唐州。						
十一年	废唐隋邓节度使，是年复置，徙治隋州。						
十二年	废唐隋邓节度使，以唐、隋、邓三州还隶山南东道。						

十三年							
十四年	山南东道节度增领临汉监牧使。						
十五年							
长庆元年							
二年							
三年							
四年							
宝历元年							
二年							
大和元年							

二年							
三年							
四年							
五年							
六年			废荆南节度使，置都团练观察使。				
七年	山南东道节度罢临汉监牧使。						
八年							
九年							
开成元年							
二年							

三年			复置荆南节度使。				
四年							
五年							
会昌元年							
二年							
三年							
四年	废山南东道节度，是年复置。						
五年							
六年							
大中元年							

二年			荆南节度复领涪州，未几，复以涪州隶黔中。				
三年						升秦州防御守捉使为秦成两州经略、天雄军使。	
四年							
五年						置归义军节度使，领沙、甘、瓜、肃、鄯、伊、西、河、兰、岷、廓十一州，治沙州。	

六年							秦成两州经略领押蕃落副使。	
七年								
八年								
九年								
十年								
十一年								
十二年								
十三年								
咸通元年								
二年								
三年								
四年						置凉州节	河、鄯、西三州	

					度，领凉、洮、西、鄯、河、临六州，治凉州。	隶凉州节度。	
五年						升秦成两州经略、天雄军使为天雄军节度、观察、处置、营田、押蕃落等使，增领阶州。	
六年							
七年							
八年							置定边军节度，观察、处置、统押

						近界诸蛮并统领诸道行营兵马制置等使，领巂、眉、蜀、邛、雅、嘉、黎七州，治邛州。
九年						
十年						
十一年						西川节度复领统押近界诸蛮等使，又增领管内制置、指挥兵马等使。废定边军节度使，复以巂、眉、蜀、

							邛、雅、嘉、黎七州隶西川节度。
十二年							
十三年							
十四年							
乾符元年							
二年							
三年							
四年							
五年							
六年							
广明元年							
中和							

元年							
二年							置保胜军防御使，治眉州。绵、汉二州皆置防御使。置彭州防御使。
三年							
四年							
光启元年	升金商都防御使为节度，兼京畿制置万胜军等使。是年，罢节度，置昭信军防御使，治金州。	升兴、凤二州都团练守捉使为防御使，治凤州。置武定军节度使，治洋州。					

二年		升兴、凤二州防御使为感义军节度使。					
三年							
文德元年	赐山南东道节度号忠义军节度。	感义军节度增领利州。				成州隶威戎军节度。	置永平军节度使，领邛、蜀、黎、雅四州，治邛州。升彭州防御使为威戎军节度使，领彭、文、成、龙、茂五州，治彭州。
龙纪元年							
大顺							

元年							
二年		武定军节度增领阶、扶二州。					废永平军节度使，以邛、蜀、黎、雅四州复隶西川节度使。
景福元年		武定军节度增领阆、果二州。是年，以阆州隶龙剑节度。					彭州隶龙剑节度。
二年							
乾宁元年							
二年							
三年							

四年		更感义军节度曰昭武军节度。					
光化	升昭信军防御为节度使。	蓬、壁二州隶武定军节度。	置武贞军节度使，领澧朗、溆三州，治澧州。				
二年							
三年		巴州置防御使。					
天复元年							
二年		昭武军节度罢领利州。					
三年		置利州节度					

		使。					
天祐元年							
二年	赐昭信军节度号戎昭军节度，增领均、房二州。是年，更戎昭军曰武定军，徙治均州。	山南西道节度罢领巴、渠、开三州，升巴州防御使为渠、巴、开三州团练观察使。					
三年	忠义军节度复为山南东道节度。废武定军节	利州节度增领阆、陵、荣、果、蓬、通六州，更	升夔忠涪防御使为镇江节度使。				文州隶兴文节度。

	度，复以均、房二州隶山南东道节度。	号利阆节度。置兴文节度使，领兴、文、集、壁四州，治兴州。					
四年							

唐书卷六八
表第八

方镇五

	东川	淮南	江东	浙东	福建	洪吉	鄂岳沔
景云元年							
二年							
先天元年							
开元							

元年							
二年							
三年							
四年							
五年							
六年							
七年							
八年							
九年							
十年							
十一年							
十二年							
十三年							
十四年							
十五年							

十六年								
十七年								
十八年								
十九年								
二十年								
二十一年						置福建经略使，领福、泉、建、漳、潮五州，治福州。		
二十二年						福建经略使增领汀州，漳、潮二州隶岭南道经略使。		

二十三年							
二十四年							
二十五年							
二十六年							
二十七年							
二十八年							
二十九年							
天宝元年					福建经略使复领漳、潮二州。		
二年							
三载							
四载							
五载							
六载							

七载							
八载							
九载							
十载					漳、潮二州隶岭南经略使。		
十一载							
十二载							
十三载							
十四载							
至德元载		置淮南节度使，领扬、楚、滁、和、寿、庐、舒、光、蕲、安、					

		黄、申、沔十三州，治扬州。寻以光州隶淮西。					
二载	置剑南东川节度使，领梓、遂、绵、剑、龙、阆、普、陵、泸、荣、资、简十二州，治梓州。		置江东防御使，治杭州。				
乾元元年			置浙江西道节度兼江宁军使，领升、润、宣、歙、	置浙江东道节度使，领越、睦、衢、婺、台、	改福建经略使为都防御使兼宁海军	置洪吉都防御团练观察处置使兼莫	

			饶、江、苏、常、杭、湖十州，治升州，徙治苏州，未几，罢领宣、歙、饶三州，副使兼余杭军使，治杭州。	明、处、温八州，治越州。	使。	徭军使，领洪、吉、虔、抚、袁五州，治洪州。置宣歙饶观察使，治宣州。	
二年	剑南东川增领昌、渝、合三州。	沔州隶鄂岳节度，寿州隶淮西节度。	废浙江西道节度使，置观察处置都团练守捉及本道营田使，更领丹阳军使，治苏州，复领宣、歙、饶三州。			废宣歙饶观察使。	置鄂、岳、沔三州都团练守捉使，治鄂州。
上元					升福建都防	洪吉观察使	岳州隶荆南

元年					御使为节度使。	增领信州。	节度。
二年			浙江西道观察使徙治宣州，罢领升州。杭州刺史领防御使。				
宝应元年							
广德元年							
二年	废东川节度，以所管十五州隶西川节度。					洪吉都防御团练观察使更号江南西道。	
永泰		蕲、黄二州					升鄂州都团

元年		隶鄂岳节度。					练使为观察使，增领岳、蕲、黄三州。
大历元年	复置剑南东川节度使，领州如故。		浙江西道观察使罢领宣、歙二州。			复置宣歙池等州都团练守捉观察处置使兼采石军使。	
二年	废剑南东川节度，置都防御观察使兼静戎军使，治遂州。寻复置节度使，治梓州。						

三年							
四年							
五年				废浙江东道节度使，置都团练守捉及观察处置等使，领州如故。			
六年	剑南东川节度罢领昌州。				废福建节度使，置都团练观察处置使。		
七年							
八年							
九年							
十年	剑南东川节						

	度复领昌州。						
十一年							
十二年			浙江西道观察使罢领丹杨军使。				鄂州观察使兼防御使。
十三年							
十四年			合浙江东、西道置都团练观察使。	废浙江东道都团练观察使，以所管州隶浙江西道。		废宣歙池观察使，置团练使。	罢鄂州观察防御使。
建中元年			分浙江东、西道都团练观察使为二道。	复置浙江东道都团练观察使。			
二年		淮南节度增	合浙江东、西二	废浙江东道			省泗州。

		领泗州。	道观察置节度使，治润州，寻赐号镇海军节度。	都团练观察使，以所管州隶浙江西道。			
三年							
四年		置寿州团练使。				升江南西道都防御团练观察使为节度使。	复置鄂州都团练观察使。复领沔州。
兴元元年	阆州隶山南西道。	淮南节度罢领濠、寿、庐三州。 升寿州团练使为都团练观察使，领寿、濠、庐三					

		州，治寿州。					
贞元元年						废江南西道节度使，复置都团练观察使。	
二年							
三年			分浙江东、西为二道，复置浙江西道都团练观察使，领润、江、常、苏、杭、湖、睦七州，治苏州。				
四年		淮南节度复领庐、寿二州，以泗州	江州隶江西观察使。			江南西道观察使增领江州。	

		隶徐泗节度，废寿州都团练观察使为团练使。					
五年							
六年							
七年							
八年							
九年							
十年							
十一年							
十二年							
十三年							
十四年							

十五年							置安黄节度观察使，治安州。
十六年		置舒、庐、滁、和四州都团练使，隶淮南节度。					
十七年							
十八年							
十九年							赐安黄节度观察使号奉义军节度。
二十年							
永贞							

元年							
元和元年							罢奉义军节度使，升鄂岳观察使为武昌军节度使，增领安、黄二州。
二年		淮南节度罢领楚州，寻复领楚州。升寿州团练使为都团练使，领寿、泗、楚三州，治泗州。寻	升浙江西道都团练观察使为镇海军节度使。				

		废都团练使，复为寿州团练使，以泗州隶武宁节度，楚州隶淮南节度。					
三年							
四年	资、简二州隶西川节度。		废浙江西道节度使，复置观察使，领镇海军使。				
五年							罢武昌军节度使，置鄂岳都团练观察使。

六年			浙西观察使罢领镇海军使。			宣歙团练使罢领采石军使。	
七年							
八年							
九年							
十年							
十一年							
十二年							
十三年		淮南节度增领光州。					鄂岳观察使增领申州。
十四年							
十五年							
长庆元年		淮南节度增领察州。					

二年							
三年							
四年							
宝历元年							
二年							省沔州。
大和元年							
二年							
三年							
四年							
五年							
六年							
七年		宿州隶武宁军节度。					

八年							
九年		复置镇海军节度使,数日废,既而复置,逾月又废。					
开成元年							
二年							
三年							
四年							
五年							
会昌元年							
二年							

三年							
四年							
五年							
六年							
大中元年							复置武昌军节度使。
二年							罢武昌军节度使。
三年							
四年							复置武昌军度。
五年							
六年							罢武昌军节度。
七年							

八年							
九年							
十年							
十一年							
十二年		淮南节度增领申州,未几,复以申州隶武昌军节度。	复置镇海军节度使。				
十三年			废镇海军节度使,置都团练观察使。				
咸通元年							
二年							

三年			置镇海军节度使。				
四年		淮南节度增领濠州。					
五年							
六年						升江南西道团练观察使为镇南军节度使。	
七年							
八年			废镇海军节度使。				
九年							
十年		濠州隶武宁军节度。					
十一年			置镇海军节度使。				
十二年							

十三年								
十四年								
乾符元年							废镇南军节度，复置江南西道观察使。	
二年								
三年								
四年								
五年								
六年								
广明元年								
中和元年								

二年							
三年				升浙江东道观察使为义胜军节度使。			
四年							
光启元年							
二年							
三年				改义胜军节度为威胜军节度。			
文德元年	龙州隶威戎节度。		置忠国军节度使，治湖州。				复置武昌军节度。
龙纪			置杭州防御使。			复升江南西	

元年						道观察使为镇南军节度使。	
大顺元年							
二年							
景福元年	置龙剑节度使，领龙、剑、利、阆四州。		赐杭州防御使号武胜军防御使。			升宣歙团练使为宁国军节度。	
二年			升武胜军防御使为都团练苏杭等州观察使，寻废。徙镇海军节度使治杭州。				

乾宁元年							
二年							
三年				改威胜军节度为镇东节度。			
四年	置武信军节度使，领遂、合、昌、渝、泸五州。				升福建都团练观察处置使为威武军节度使。		
光化元年							
二年							
三年							
天复							

元年							
二年							
三年						废宁国军节度使复为都团练观察使。	
天祐元年		废舒、庐、滁、和四州都团练使，置光州防御使。					
二年						置歙、婺、衢、睦四州都团练观察处置使。	

三年	龙剑节度罢领阆州。						
四年							

唐书卷六九
表第九

方镇六

	衡州	黔州	岭南	邕管	容管	桂管	安南
景云元年						桂州，开耀后置管内经略使，领桂、梧、贺、连、柳、富、昭、蒙、严、环、融、古、思、唐、龚十四州，治桂州。	

二年							
先天元年							
开元元年							
二年							
三年							
四年							
五年							
六年							
七年							
八年							
九年							
十年							
十一年							

年							
十二年							
十三年							
十四年							
十五年							
十六年							
十七年							
十八年							
十九年							
二十年							
二十一年							
二十二年							
二十三年							
二十四年							
二十五年							
二十六年						黔州置五溪	

		诸州经略使。					
二十七年							
二十八年							
二十九年							
天宝元年							
二年							
三载							
四载							
五载							
六载							
七载							
八载							
九载							

十载							置安南管内经略使，领交、陆、峰、爱、欢、长、福禄、芝、武峨、演、武安十一州，治交州。
十一载							
十二载							
十三载							
十四载		五溪经略使增领守捉使。		置邕州管内经略使，领邕、贵、横、钦、澄、宾、严、罗、淳、	置容州管内经略使，领容、白、禺、牢、绣、党、窦、廉、义、		

				瀼、山、田、笼十三州，治邕州。	郁林、汤、岩、辩、平琴十四州，治容州。		
至德元载			升五府经略讨击使为岭南节度使，领广、韶、循、潮、康、泷、端、新、封、春、勤、罗、潘、高、思、雷、崖、琼、振、儋、万安、藤二				

			十二州，治广州。				
二载	置衡州防御使，领衡、涪、岳、潭、郴、邵、永、道八州，治衡州。						
乾元元年	衡州防御使罢领郴州。		置韶、连、郴三州都团练守捉使，治韶州。	邕州管内经略使兼都防御使，增领罗州。			升安南管内经略使为节度使。
二年	涪州隶荆南节度使。岳州隶鄂岳团			升邕州管内都防御经略使为节度使	容州管内经略使增领都防御使。		

	练使。			使。			
上元元年				废邕州管内升容州经略节度使，置都防御使为都防御经略观察使。使。			
二年	废衡州防御使。废韶、连、郴都团练使，三州复隶岭南节度。罗、潘二州隶邕管观察使。						
宝应元年							

广德元年						
二年	置湖南都团练守捉观察处置使，治衡州，领衡、潭、邵、永、道五州，治衡州。		废邕州管内都防御使，以所管州隶桂管经略使。		置桂邕都防御、观察、招讨、处置等使，增领邕管诸州。	改安南节度使为镇南大都护、都防御、观察、经略使。
永泰元年						
大历元年						更镇南曰安南。
二年						
三年						

四年	湖南观察使徙治潭州。	置辰、溪、巫、锦、业五州都团练守捉观察处置使,治辰州。					
五年				复置邕州管内都防御使。		桂管观察使罢领邕管诸州。	
六年							
七年							
八年				邕州管内都防御使增领桂管诸州。		罢桂管观察使,以诸州隶邕管。	
九年							
十年							

十一年							
十二年		置黔州经略招讨观察使，领黔、施、夷、辰、思、费、溆、播、南、溱、珍、锦十二州，治黔州。					
十三年							
十四年							
建中元年					容管观察使增领顺、藤二州。		
二年					省平琴州。		

三年							
四年							
兴元元年							
贞元元年		黔州观察使徙治辰州，增领奖、溪二州。		邕州都防御使罢领桂管诸州，增领浔州。		复置桂管经略招讨使。	
二年							
三年		黔州观察使复治黔州。					
四年							
五年							
六年							
七年						桂管经略使罢	

						领招讨使。	
八年							
九年							
十年							
十一年							
十二年							
十三年							
十四年							
十五年							
十六年							
十七年							
十八年							
十九年							
二十年							
永贞				省瀼、田、山			

元年				三州。			
元和元年			岭南节度复领潘、辩二州。	邕州管内都防御观察经略使增领怀远军使。严州隶容管观察使。罗州隶岭南节度。	辩州隶岭南节度。严州隶桂管观察。省汤州。	桂管经略使增领岩州。	
二年							
三年		黔州观察增领涪州。					
四年							
五年							
六年							

七年							
八年							
九年							
十年							
十一年							
十二年							
十三年							
十四年							
十五年				废邕管经略使。			
长庆元年							
二年				复置邕管经略使。			
三年							

四年							
宝历元年							
二年							
大和元年							
二年							
三年							
四年							
五年							
六年							
七年							
八年							
九年							
开成							

元年							
二年							
三年							
四年							
五年							
会昌元年							
二年							
三年							
四年							
五年							
六年							
大中元年							
二年		涪州隶荆南					

		节度，未几，复隶黔州观察。					
三年							
四年							
五年							
六年							
七年							
八年							
九年							
十年							
十一年							
十二年							
十三年							
咸通				邕管经略使废容管观察			

元年				增领容管十一州，寻皆罢领。	使，以所管十一州隶邕管经略使，未几复置，领州如故。		
二年							
三年			分岭南节度为东西道，改岭南节度为岭南东道节度。	升邕管经略使为岭南西道节度使，增领蒙州。			
四年							
五年							
六年							
七年							升安南都护

							为静海军节度使。
八年							
九年							
十年							
十一年							
十二年							
十三年							
十四年							
乾符元年							
二年							
三年							
四年							
五年							

六年							
广明元年							
中和元年							
二年							
三年	升湖南观察使为钦化军节度。						
四年							
光启元年	改钦化军节度为武安军节度使。						
二年							
三年							

文德元年							
龙纪元所							
大顺元年		赐黔州观察使号武泰军节度。					
二年							
景福元年							
二年							
乾宁元年							
二年			赐岭南东道节度号清海				

			军节度。				
三年							
四年					升容管观察使为宁远军节度使。		
光化元年		溆州隶武贞军节度。					
二年							
三年						升桂管经略使为静江军节度使。	
天复元年							
二年							
三年		武泰军节度徙治涪州。					

天祐元年							
二年							
三年							
四年							

唐书卷七〇上
表第一〇上

宗室世系上

昔者周有天下，封国七十，而同姓居五十三焉，后世不以为私也，盖所以隆本支，崇屏卫。虽其弊也，以侵凌王室，有末大之患，然亦崇奖扶持，犹四百余年而后亡，盖其德与力皆不足矣，而其势或然也。至汉鉴秦，务广宗室，世其国地，不幸世绝若罪除，辄复续以存其祭祀，与为长久之计，故自三代以来，独汉为长世。唐有天下三百年，子孙蕃衍，可谓盛矣！其初皆有封爵，至其世远亲尽，则各随其人贤愚，遂与异姓之臣杂而仕宦，至或流落于民间，甚可叹也！然其疏戚远近，源流所来，可以考见，作《宗室世系表》。

李氏出自嬴姓。帝颛顼高阳氏生大业，大业生女华，女华生皋陶，字庭坚，为尧大理。生益，益生恩成，历虞、夏、商，世为大理，以官命族为理氏。至纣之时，理徵字德灵，为翼隶中吴伯，以直道不容於纣，得罪而死。其妻陈国契和氏与子利贞逃难于伊侯之墟，食木子得全，遂改理为李氏。利贞亦娶契和氏女，生昌祖，为陈大夫，家于苦县，生彤德。彤德曾孙硕宗，周康王赐采邑于苦县。五世孙乾，字元果，为周上御史大夫，娶益寿氏女婴敷，生耳，字伯阳，一字聃，周平王时为太史。其后有李宗，字尊祖，魏封于段，为干木大夫。生同为赵大将军。生兑，为赵相。生跻，赵阳安君。二子：曰云，曰恪。恪生洪，字道弘，秦太子太傅。生兴族，字育神，一名汪，秦将军。生昙，字贵远，赵柏人侯，入秦为御史大夫，葬柏人西。生四子：崇、辨、昭、玑。崇为陇西房，玑为赵郡房。崇字伯祐，陇西守、南郑公。生二子：长曰平燕；次曰瑶，字内德，南郡守、狄道侯。生信，字有成，大将军、陇西侯。生超，一名伉，字仁高，汉大将军、渔阳太守。生二子：长曰元旷，侍中；次曰仲翔，河东太守、征西将军，讨叛羌于素昌，战没，赠太尉，葬陇西狄道东川，因家焉。生伯考，陇西、河东二郡太守。生尚，成纪令，因居成纪。弟向，范阳房始祖也。尚生广，前将军，二子：长曰当户，生陵，字少卿，骑都尉；次曰敢，字幼卿，郎中令、关内侯。生禹，字子通。弟忠，顿丘房始祖也。禹生丞公，字丞公，河南太守。生先，字敬宗，蜀郡、北平太守。生长宗，字伯礼，渔阳丞。生君况，字叔干，一字子期，博士、议郎、太中大夫。生本，字上明，郎中、侍御史。生次公，字仲君，巴郡太守、西夷校尉。弟恬，渤海房始祖也。次公生轨，字文逸，魏临淮太守、司农卿。弟潜，申公房始祖也。轨生隆，字彦绪，长安令、积弩将军。生艾，字世绩，晋骁骑将军、魏郡太守。生雍，字儁熙，济北、东莞二郡太守。生二子：长曰伦，丹杨房始祖也；次曰柔，字德远，北地太守。雍孙盖，安邑房始祖也。柔生弇，字季子，前凉张骏天水太守、武卫将军、安西亭侯。生昶，字仲坚，凉太子侍讲。生暠，字玄盛，西凉武昭王、兴圣皇帝。十子：谭、歆、让、愔、恂、翻、豫、宏、眺、亮。愔，镇远将军房始祖也。其曾孙系，平凉房始祖也。翻孙三人：曰丞，姑臧房始祖也；曰茂，敦煌房始祖也；曰冲，仆射房始祖也。曾孙曰成礼，绛郡房始祖也。豫玄孙曰刚，武陵房始祖也。歆字士业，西凉后主。八子：勗、绍、重耳、弘之、崇明、崇产、崇庸、崇祐。重耳字景顺，以国亡奔宋，为汝南太守。后魏克豫州，以地归之，拜恒农太守，复为将薛安都所陷，后魏安南将军、豫州刺史。生献祖宣皇帝熙，孟良，后魏金门镇将。生懿祖光皇帝，讳天赐，字德真。三子：长曰起头，长安侯，生达摩，后周羽林监、太子洗马、长安县伯，其后无闻；次曰太祖；次乞豆。

定州刺史房

后魏定州刺史乞豆。	开化郡公、后周秦河渭三州刺史贞。										
	袭公，后周申、卫二州刺史慧。	济南鼎公、隆州刺史士都。	尚辇直长上善。		右卫将军延之	自由。					
		西平王普定。	嗣楚王灵夔，出继智云。	嗣楚公、右威卫将军福。	右羽林将军承况。						

		北平公世武。		济。							
				益府长史浚。	麟，相肃宗。	登封令全。					
	郇国公泠。	义罗									
		满才。				岌。	大理少卿直方。				
							君房。				

太祖景皇帝虎，字文彬，后周柱国大将军、唐国襄公。八子，长曰延伯，生于山东。其后太祖入关，延伯仕北齐为散骑常侍。武德四年，追封南阳伯，附属籍，贞观初，罢 之，与姑臧、绛郡、武阳公三房，号“四公子”房，至开元二十三年，复附属籍。

南阳公房

南阳公延	隋广平太										

伯。	守昭贵。										
	周南阳太守昭仲。		秘书丞元璋。		司驾员外郎朏。						
					监察御史晞。						

谯王房

谯王真字长宣。	竟陵郡王道素，以雍王第五男韶子继。										

蔡王房

蔡王冈，	西平怀王	平原王琼。	平原王崇	太常卿、蔡							

周朔州总管、相燕恒三州刺史、襄武县公。县公。	安,字玄德,隋右领军大将军、赵郡怀公。		嗣,丹冀贝三州刺史、宗正卿,谥曰懿。	国公法祥。							
			嗣卫王保定,出继玄霸。								
		霍山王琎。	霍山公洪嗣,以汉阳郡王环子继,谥曰武。								
		襄武郡王琛,字惟	袭公俭。								裔孙太常卿居

		宝，一字道恭。									士。
		河间元王孝恭。	蒲同绛陕幽夏六州刺史、益州长史、谯国公崇义。	袭谯国公、河西令尚丘。	双流令昭。	锡。					
						士衡，初名锐。					
					袭谯国公、太子舍人冰。	轸。					
					宋王府司功参	轮。					

					军皎。						
					婺州长史说。	宗正丞士詹，初名宽。	昷。				
							岩。				
							峦。				
							峃。				
						和州刺史士央，初名容。	岌。				
							崟。				
							岑。				
						永康令士先，初名宏。					

							越州参军嶷。				
						河南府法曹士淹,初名宰。	然。	保淋。	汉和。		
								保荣。			
								太子通事舍人保真。	知朴。可信。光远,初名可集。	左金吾引驾押衙厚。小老。	
									玄都。		
									可诚。		
									可立。		
									小都。		

								小休。			
							保升。				
						岗。					
						徽。					
					幽府录事参车齐。	岸。					
					西河丞士恭，初名宷。	玉。	疆。	文春。	左武卫兵曹参军抝。	弘丕。	
										弘侍。	
										弘惠。	
										弘球。	
										弘抱。	
								文芳。	播。		

									拒。	弘晟。	
									温州文学、奉礼郎文经。	乐。	仲瑄。
										让。	初远。
										省。	
										燮。	
										统。	
									文绚。	道超。	
										道迁。	
										道逾。	环。
											珵。
										道延。	
										道遄。	
									文明。	友。	琮。

											钘。
					岐王府参军暖。						
					复州刺史测。	遇。					
						迴。					
						迈。					
						迪。					
				尚范。	浩。						
				扬府户曹参军可道。	翼城令汪。	平。					
						茸。					
						筜。					
						覃。					
						宰。					

					少府监、右卫郎将,贬夏州司马漻。	诸暨令罕。					
						永新令双。					
						宋州长史兼。	少戢				
							少益。				
							少雅。				
						永王府参军重。					
						吴兴郡司功参	少诚。				

					军众。						
				少谏。							
				永嘉监官谞。							
					绥山令总。						
					福州户曹参军群。						
					庶。						
					并。	司勋员外郎、延坊邠三州刺史，贬密州					

					司马濯。						
						浑。					
				尚旦。	仙鹤。						
					仙童。						
					仙芝。						
				尚古。	濛阳太守颁。	将作监士则。					
				延州刺史尚宾。	相如。						
					简如。	雅、信二州刺史岑。	少府监鍱。	太子詹事、右散骑常侍休古。	正平令复元。		
									太子司议郎茂	宗正丞郁。	

									元。		
									宗正少卿通元。	五岭租庸判官、蒙州刺史漳。	胙尉途。
										开封令守一。	长垣主簿玙。
										颍州录事参军郢。	陪位出身瓘。
										荥泽尉封。	陪位出身琡。
									大理司直道元。	鄄城主簿郸。	
										南顿尉	

										郯。	
									黄金令光元。	陪位出身鄠。	
									大理丞、湖阳令正元	陪位出身部。	
							况。	自勗。	大理丞师全。	陪位出身邠。	
			秋官尚书崇晦。	嗣吴王荣。							
			岐州刺史崇真。								
		济北郡王瑊。	都水使者、左金吾卫大将军俭。	植。	愿。	右金吾卫大将军方叔。	莆田令丹。	崇。	承诲。	士元。	璝。

琚。	甫。	仁景。	舜卿。								
玢。	正白。										
升。											
昴。											
平。											
勉。											
希。											
宗道。	欣。										
宗杨。											
宗元。											
宗善。											
宗闵。											
宗亮。											
宗鲁。											
宗岩。											

										款。	宗礼。
										歆。	宗古。
											宗回。
											宗何。
								岩。	仁翊。	正辅。	晁
											晕。
										正朴。	
										宣。	
		袭济北郡公、梓州刺史崇敬。	袭济北郡公、太子中允孚。	袭济北郡公、须江令越客。	太子家令炎。						
						袭济北郡公、衢黄二州刺史兼					

					防御使、兴平军节度使、御史中丞奂。						
				陇西郡公、青卫慈邢汝五州刺史、永王傅津客。	仓部员外郎儋。	袭济北郡公、北海令钑	沂水令循。	青州司法参军爰。	坊州录事参军各。	陪位出身逊。	
									黄令庆。	陪位出身勋。	
										陪位出	

											身童。
										陪位出身沐。	
										陪位出身洞。	
										陪位出身洪。	
										陪位出身弘。	
										陪位出身汶。	
										博兴令元保。	陪位出身经。
										陪位出身蒙。	

										元立。	陪位出身应。
											陪位出身综。
											陪位出身周。
											陪位出身换。
											陪位出身方。
											陪位出身颙。
									陪位出身全。	陪位出身筠。	
								千乘令	陪位出		

								敦礼。	身邵。		
									陪位出身郕。	陪位出身荣。	
								吏部郎中直。	密州录事参军让。	大理评事瑜。	申州录事参军晦。
											秘。
										光州司法参军造。	登州参军兴。
										普州文学参军顼。	
										安州司马勤。	徐州录事参军

											朗。
							邵州长史、前司农卿绍。	御史中丞元亮。			
								大理司直兼监察御史元道。			
								盩厔尉元规。			
								右金吾兵曹参军元会。			
								江陵府参军元			

			简。								
			太原府参军元举。								
陪位出身承远。	詹事府丞涪。	太子宾客容。	太子文学元明。								
	郯城令湘。										
承迈。	孟州录事参军泽。										
			元衡。								
			元辅。								
	襄陵主	通义令	梓州司	翼城令	河南功						

						曹参军伦。	巨济。	士参军论。	孟。	簿环。	
		汉阳王环。	兖州长史冲寂。		隋州刺史锐。						
			冬官尚书冲玄。		祠部员外郎恒。						
					中部郡太守惇。						
			尚方监冲虚。								
		济南王哲，隋工部尚书、黄台县男。	顺阳公玮。	袭济南公思敬。							
			庐江王瑗。								

毕王房

毕王璋，周汴，梁二州刺史。	永安壮王孝基。	嗣王道立，以雍王绘男韶次子高平公继。	蔡国公景悞。							
			毕国公景淑。	太子左赞善大夫孟康。						
				楚州刺史仲康。	衢州司士参军涛。	越州士曹参军居介。				
						南陵尉居左。				
						谯尉居				

						敬。				
						居易。				
				睢阳郡太守少康。	右仆射涵。	鲔。				
						鲲。				
						𫚉。				
					汙。					
					浓。					
				宗正少卿少连。						
			子	孙	曾孙	五世	六世	殿中侍御史师素。		
	子	孙	曾孙	五世	六世	七世	八世	九世	十世	永和令知保。

雍王房

雍王、隋江夏总管绘。	长平王贽。	淮阳王道玄。									
		淮阳王道明。									
	东平王韶。		景融。	务该。	思一。	晋原尉岌。	陕府左司马荆。	澄城主簿邠。			
								鹿城令激。			
								芮城尉放。			
								宗正少卿汉，字南纪。	晛。		

								浐字经野。	赡。		
								洸字正武。			
								潘字子及。	炬字则中。		
									炯字著明。		
		江夏王道宗，字承范。	庐国公、相州刺史景俣。								
			子	孙	曾孙	纳。	户部员外郎宗衡。				

						宗正少卿说。					
			潞城令景仁，字楚子。								
		广宁公道兴。									
		博陵郡公道弼。		御史中丞知柔。							
				刑部郎中知止。							

郇王房

郇王祎，隋武陵郡王										

陈留太守、伯良。 长平郡公。											
	长平肃王 叔良。	郇国公孝 协。	思慎。								
			思言。								
			思泰。								
			思本。								
			思庄。								
			夔州司功 参军思正。	兰陵丞令 望。	璨。						
					众。						
					伦。						
			婺州刺史， 袭郇国公 思忠。	宣州士曹 参军建成。	泗水令 峻嵧。	奉先令 如仙。	绵州刺 史骈。	成都少 尹寓。			

								阿端。			
								祁王傅知隐。	度支渔阳监事锐。		
									郃州司法参军臻。		
								南郑令知章。	潜。		
								京兆少尹知义。			
							回，初名曬，相武宗。	滑州观察巡官知柔。			
								兴平尉			

							坝,字潜光。				
							山南东道节度掌书记钖,字礼符。	江陵令少微			
							小驾。				
				清江。							
				万倩。							
				高岩。							
				澄潭。							
				芳苑。							
			海州司仓参军进成。	冏。							

					固。						
				文水令遂成。	曹州士曹参军明真。	朝仙。					
					宜春令玄真。	文迪。					
				太子仆超成。	许州司马澄真。	文昌。					
						寿州团练使文通,破蔡州有功,终遂州刺史。	监察御史穆。	临濮令镇。	秘书少监中庸。		
									太府少	涛。	承确

									卿元。		
											承休。
										仲宝。	承端。
										浣。	承绩。
								隋县令去惑,死王仙芝,赠隋州刺史。			
								阿圭。			
							权。				
							质。				
							业。				
							实。				
							耽。				

							欑。				
				高卿。							
		华阳郡公、原州长史孝斌。	彭国昭公、左武卫大将军思训，字建。	魏州别驾福道。							
				仪王府司马复道。							
				太原府仓曹直集贤院昭道。							
			扬州参军思诲。	林甫相玄宗。	将作监岫。						
					司储郎中崿。						

					太常少卿屿。						
					武功令岺。						
					符宝郎崀。	宗正卿弘泽,字德润。	汴州参军仁之。				
							昌图。				
							虢州参军损之				
							常熟尉大雅。				
				林宗字直木。							
	中山郡王去病,以季										

	仲良。	良子继。									
	季良。										
	新兴郡王德良。	西阳郡公仁裕。	新兴郡公、户部尚书晋。	宗正卿济。	左金吾卫大将军通。						
					左金吾卫大将军翰。						
			张掖郡公、水部郎中钦。								
		蓼国公仁敬。									
		都水使者仁方。	处净。								

	长乐郡王幼长。	上党孝公矩。									

大郑王房

郑孝王亮，隋赵兴太守、长社郡公。	淮南靖王神通。	胶东郡公道彦				辰锦观察使昌峘。					
						荆南节度使、检校工部尚书昌巙。					
		高密郡公									

		孝察。									
		淄川郡公孝同。	左卫将军璲。	剑州长史广业。	户部尚书国贞，字南华。	锜。	师回。				
						蕲州刺史镒。					
						鄠令丰士。					
						长安尉丰器。					
					右金吾将军若冰。	京兆尹铦。					
			徐州刺史璩。								

		广平郡公孝慈。									
		河间郡公孝本。									
		尚书左丞孝友。	工部尚书珍。								
		清河郡公、灵州都督孝节。	汝州刺史顼。								
			幽州都督琬。								
			郑州刺史瑜。	光禄卿升。	遘。						
				武都郡公、吏部尚书	起居舍人造。						

				暠。							
				太仆卿晕。	太子少傅、郑国公遵。	太常少卿谓，字伯英。					
						诵。					
						𬤇。					
						谔。					
					御史中丞、东畿采访使遇。	河东节度使说，字岩甫。	太子通事舍人公敏。				
							灵盐朔方节度使公度。				
							公辅。				

							千牛备身公佐公宥。				
					绛州刺史、秘书监勋。	直宰。					
					兵部侍郎进。	江西观察使少和。					
		胶西郡公、司农卿孝义。	袭公,南州司马璥。	泗州刺史孟犨,字公悦。	金州刺史权。						
					清漳尉衡。						
					检校虞						

					部员外郎兼侍御史枢。						
					歙州别驾轸。						
					渭南令房。	万钧。	硐字耀山。				
						干钧。	磁字景山。				
							蟾，初名礵。				
							蚡字汉山。	廷璧字冠祥。			
							蜞字懿川。	昭裔字延诲。			

								昭业字延章。			
								昭图字延察。			
						仁钧。	硎字次山。				
							础。				
					宗正卿、太子宾客、陇西县子翼，字则之。	大理评事良钧。					
						陆浑尉正钧。					
						执钧。					

							左千牛卫兵曹参军巨钧。				
							一子出身直钧。				
		盐州刺史孝锐。	弘农太守璟。	刑部尚书齐物。	郑滑节度使、检校右仆射复。						
					司农少卿条，字坚。	昌。					
			淮安忠公、宗正卿旸。	陕王府户曹参军齐							

			字琇。	晏。							
				少府监齐古。							
				文部侍郎晞。	御史中丞汶。						
				刑部侍郎晔。							
				符宝郎旴。							
		梁郡公、给事中孝逸。									
	襄邑恭王神符。	广宗郡公仁鉴。		中书舍人猷。							
		临川郡公、刑部尚书德懋。	左卫将军思齐。	鄘城令知贤。	司农卿，谥曰敬模。	太子宾客、守散骑常侍	吏部郎中颢钧。				

						词。					
						将作监话。					
						明州刺史谞。	左谏议大夫从规。				
							怀州刺史从矩。				
							检校刑部郎中从毅，字仁卿。	竦字特卿。			
							兴元节度使、检校工部	国子监主簿伸。			

							太子左赞善大夫从师。				
							江陵少尹从吉。				
							太子左庶子从方。				
							宗正少卿从贞。				
							咸阳县尉、史馆修撰从实。				
						福建观					

						察使诲。					
		广川郡公义范。	灵州刺义，袭广川郡公暹。	成纪令朝。	寻阳丞仪。	湖南观察使、检校右散骑常侍丛。	伊阳丞良史。				
							国子广文《春秋》博士彬。				
							湖州录事参军真。	济源尉弘乂，字大能。	虬。		
									乾。		
									胤。		

								文徽。			
						常州刺史蒖。					
		魏国公、幽州大总管文暕。	宗正卿佺。								
			挺。	太仆卿柏，字康干。	鹤。	长水令台。	南陵令靡。				
							湖南观察使兼御史大夫庾，字子虔。	衡州刺史延泽。			
					鹄。						
					太子少	礼部尚	湖南团	秘书省			

					师鹊	书、太子宾客分司东都恬。	练副使、检校工部员外郎宗师。	秘书郎瑄。			
								漳州刺史璟。	仁鲁。	铎。	
										锡。	
										叶。	
										准。	用霖。
									华州文学仁颍。		
							嘉州刺史宗长。				
							中牟令宗规。				

					鹔。						
					鸰。						
					鸠。						
					鹗。						
					滁州刺史鹏。	池州刺史倨。					
						程字表臣，相敬宗。	武宁军节度使、检校工部尚书廓。	济。	昌符字岩梦。		
								万年尉、直史馆书字贞耀。			

							华阳令庇。				
							太子中允庆。				
							秘书省秘书郎庠。				
							太子通事舍人庑。				
			殿中丞,袭魏国公捷。	虢州刺史坚。	盛唐令鹏。	石字中玉,相文宗。	奇。				
							赣。				
						太子太	太常卿	汴州法	正字佩。		

						傅、同平章事福，字能之。	就。	曹参军彦孙。			
							扶。				
							驾部郎中玩，字成琏。				
							监察御史黯。	昌素。			
							监察御史航，字殷用。				
							涪。		璩。		
						怀州刺史巩。	膳部郎中勍，字				

							德胜。				
							太府卿檠。	太常博士、宗正寺修撰颉，字昭升。	给事中元龟，字从吉。		
		文举。	安平公、国子祭酒仲思。								
			宗正少卿言思。								
			兵部郎中华。								

代祖元皇帝讳昺，周安州总管、柱国大将军、唐国仁公。四子：长曰高祖，次曰梁王澄，次曰蜀王湛，次

曰汉王洪。

梁王房

梁王澄。	彭城王士衎。	淄州刺史、陈国公玄同，以陇西王博义第五子继。									
		荆州司马玄弁。									
	江东郡王世证。										
	衡山郡王世训。										
	宗正卿、	蒲州潼水	师益。								

	陇西恭王博义，以蜀王第二子继。	府折冲、陈留郡公怀仁。									
			元蜞。								
			天益。								
			道益。								
		常州司马、晋昌县男怀节。	元益。								
			璥。								
			班。								
			倩。								
		温州刺史、蒋国公怀让。	贞。								

			质。								
			璩。								
			瑗。								
			瑾。								
			京兆尹慎名。	司门员外郎自下。							
			慎终。								

蜀王房，后为渤海王房

蜀王湛。	襄城王容儿。	怀真，以陇西王博义第二子继。									
	左卫大将	眉州刺史	瀛州司马	益州户曹	庆王府	江陵尉					

	军、渤海敬王奉慈。	义节。	如珪。	参军匀。	典库牧。	究。					
				赞善大夫参。	华原丞桐。	大理评事元。					
						左羽林录事参军方。					
					福建观察使椅。	信州刺史充。	承构。				
							南阳令承绪。				
							六局丞承规。				
							稷山尉承祚。				

						长水令直。					
						京兆府户曹参军齐。					
						同州参军、知海陵监允。					
					黔州刺史樟。	玄。					
						亮。					
					梓州刺史季贞，初名栝。	爽。					
						商。					

				宗正丞逢。	温江令杞。	京。					
						交。	迁。				
							唐兴令蜀。	继。			
								临邛尉署。			
								前宗正寺明经鲸。			
								陪位出身武。			
								陪位出身实。			
								长。			

								及。			
			唐州刺史、袁州别驾陇西县男冬日。 如玉。		常州别驾椮。	朝晟。					
						朝式。					
					岐阳令桪。						
					徐州司马梫。						
					南陵令椯。	洵。					
						濛。					
						涓。					
				都水使者夏日。	沣阳令标。	江陵府士曹参					

					朝野。						
					杭州参军朝英。						
			微。								
			洌。								
			元枢。								
			溶。								
			授。	河中府户曹参军朝师。	商州别驾枵。						
				郑州刺史朝则。	宁州参军桡。						
					襄丘令朝盈。						
					军朝相。						

						猗氏令 朝用。					
						朝汶。					
						朝衡。					
						徽。					
						彻。					
					徐泗节度判官枫。	扬府法曹参军朝宗。	亳州参军侃。	吏部常选贞伯。			
							宁化尉厚。	洪州参军求中。			
								芮城尉惠伯。			
								申伯。			
							阳翟令	丰城丞			

							何。	景伯。			
								吏部常选佀。			
								鄚尉宣伯。			
						义方。					
						穰尉朝谏。					
						朝清。					
						休甫。					
						朝兴。					
						吉罗。					
						安悉。					
						竹箭。					
						朝威。					

						胶，初名朝良。					
					橦。						
					虞乡丞枞。						
				太子通事舍人春日。	坊州司法参军梓。						
					棹。						
			冀州别驾守一。	勉均。	左率府长史国宁。	江陵府功曹参军系。					
					襄州司兵参军国平。						

						京兆府法曹参军国荣。					
				弘周。	东阳令季方。	黔中观察使国清。					
				安州刺史韶。							
					渭南尉有方。						
					成都府司录参军国英。						
					涟水令岑。	越州司录参军					

					励均。						
					岌。						
					岩。						
				良原令助均。	左金吾卫大将军兼鸿胪卿禅徒。	左监门卫率府兵曹参军维城。	承宗。				
				左骁卫长史劝均。							
				无锡令勤均。	凤州刺史僖伯。	新津令称。	渠江令言思。	知远。			
							七盘令言中。				
							陪位出				

							身言约。				
							东汉。				
						稽。					
						临汝尉穗。					
						陽陵令稹。					
						汧源令稠。					
						玄武主簿秬。					
			延州别驾振。	浙西长史嗣金。	寿州长史穋。						
					盈川令杠。	浦阳尉荎。	平卢节度判官	审之。			

							戡，字定臣。				
					顺阳丞标。						
					泾阳尉柖。	江陵录事参军篡。	祐				
							建。				
							欣。				
						猗氏令管。	陇州录事参军仵。	吏部常选景之。			
							昭应令信。	临济令建度。	中牟尉旺。		
									灵昌尉		

									玄谋。		
						郢州刺史、宗正少卿篆。	管城尉某。				
				左金吾卫大将军、赵州刺史嗣璘。	诸暨尉橡。						
					南阳令棵。						
					济王府户曹参军梓，初名樟。	襄阳令继祖。					
					枸。						

					檈。						
				左率府郎将嗣琳。	司议郎相。						
					栝。						
					札。						
				都官郎中嗣瓌。	宗正卿栻，初名檀。	宗正卿仍叔，字周美，初名章甫。	检校水部员外郎兼岭南节度副使焜。				
							润州参军晖				
							襄州支使绚，字绘老，初				

							名弘本。				
							鄠尉弘文。				
							四会令弘略。	主客郎中让。	延兴，初名廷玉。		
					楣。						
		遂州司马知本。	汾州长史守慎。	青州司仓参军子房	升。						
				延州司马友谅。	惠陵台令晃。	潞府士曹参军审。	偃师尉江。	大牟令思文。			
								灵宝主簿思永。			
							泾王府功曹参				

				军从。							
			洛水主簿弘庆。	鄜州录事参军苍梧。							
			洛交主簿弘度。								
			白马令乃武。								
					寮。						
					阆中主簿弘恕，初名楚闻。						
				难江主簿绪。	三泉令宁。						

							吏部常选镇。				
							褒城尉绸。	珼。			
						隋州录事参军、隋城令寂。	经。				
							汧阳尉绚。	祯颙。			
							吏部常选绍。				
					徐州司户参军昂。						

					金华丞昈。	垣尉浑。	炫。				
							炯。				
					密令暵。	玉城主簿公瑾。					
						公赞。					
						阳翟尉公度。					
						汴州司仓参军察，初名公器。	猱。				
						公选。					
					濡水令暤。	宋州参军公倍。					

						安州仓曹、衡州录事参军公约。	沅江令克勤。	蕴中。			
								蕴达。			
							饶州录事参军偒。				
							雩都主簿确。				
							云萝令克让。				
							导。				
							克章。				
					左金吾	谷城令	蒲圻丞				

				必闻。	从筒。	仓曹参军昉。					
				南阳尉贵。							
					从神。						
					金。						
					洋州司仓参军公立。						
					恒王府参军奕。	定陵令旻。	蔡州司户参军友贞。				
					晋阳丞宽。						
					乌程令宪。						

						宏。					
						容					
					雍丘丞昱。	寂。					
						宇。					
						宙。					
		代州都督、景城县男行褒。	守忠。								
		余福。									
		国子祭酒、陇西郡王余庆。	寿王府司马仙舟。	沧州司户参军元暹。	益府司户参军日休。						
					华阳尉日就。						

				睦州长史兼家令琬。	太子典膳郎阐。						
					新津令闳。						
				金城令璹。	乾元丞日用。						
					翼城丞日成。						
					永王府参军日知。						
					昭州刺史日敷。						
				晋州参军曙。	日正。						

				嘉王府长史瓒。	沂原尉暹。						
					华阳令暄。	况。					
						成都丞准。					
					江阳令晤。	润州别驾洁。	绵州参军同节。				
				成都司户参军璥。	支辅以荆国公玢子继。						
			岐王府功曹参军元邃。								
			左领军长	青乡令可	润州司						

			史元逞。	瞻。	户参军信。					
					吏部常选修。					
					扬子丞像。					
				黄州司马可闻。						
				国子监丞可器。						
		圆满。	崇礼。							
			崇慕。	怀州参军仪。	易从。					
					敬从。					
				修。						

		渠州司马宝积。	洛。							
			晋州司功参军常光。	可袭。						
				可献。						
		尚辇奉御明远。	睦州刺史无言。							
			无忝。	虞部郎中灞。						
		殿中丞明哲。								
	嗣沈黎侯长沙,出继无景。		嗣荆王逖。							
汉王洪。	巴陵郡王									

盘陁。

唐书卷七〇下

表第一〇下

宗室世系下

高祖神尧大圣大光孝皇帝二十二子，分十五房：曰楚王智云，曰荆王元景，曰徐王元礼，曰韩王元嘉，曰彭王元则，曰郑王元懿，曰霍王元轨，曰虢王凤，曰道王元庆，曰邓王元裕，曰舒王元名，曰鲁王灵夔，曰江王元祥，曰密王元晓，曰滕王元婴。智云、元景皆无后。

徐王房。

徐康王元礼。	淮南王茂。	嗣王、宗正员外卿璀。	嗣王、余杭郡司马延	嗣王、施州刺史讽。						

		年。									
	淮南公蕃。										
	汶山公蓁。										

韩王房，建中元年诏改为嗣郓王房，懿宗即位，复旧。

韩王元嘉。	颍川郡公训。										
	武陵郡王谊。	楚国公野。									
	黄国公諆。										
	上党郡公谌。										
	嗣韩王、太仆卿讷。	嗣王叔璩。	嗣郓王炜。								

彭王房。

彭思王元则。	绚，以霍王元轨第五子继。		志暕。								
			嗣王、左千牛卫将军志暕。								

小郑王房，称惠郑王房。

郑惠王元懿。	嗣王、遂州刺史璥。	嗣王、太子詹事希言。									
		赠左仆射察言。	太仆少卿、楚州别驾自仙。	夷简字易之相宪宗。	匡文。						

				夷亮。						
				夷则。						
				夷范。						
			陈留郡公、金州刺史、虞部郎中翻。	宗冉。	澹。	令图字德远。				
					给事中汤，字希仁。					
					深字希尚。					
					韶州刺史洎。	𬭸。	若愚。			
						铝。	承翰。			

				宗闵字损之，相文宗。	琨字希立。	锐字执圣。					
					桂管观察使瓒，字公锡。	钦说字岩卿。					
			眉州刺史自昌。								
	吕国公。	嗣公玄言，以南海公璇第三子继。									
	乐安郡公珪。										
	上庸郡公琰。										

	乐陵郡公球。										
	南海郡公璇。										
	安德郡公琳。	嗣公、歧州刺史择言，以南海公璇次子继。	勉字玄卿，相德宗。	缵。							
				缜。							
				纬。							
				兵部员外郎约。							
	新平郡公遂。										
	邵陵郡公	左千卫将									

	珩。	军德言。									

霍王房。

霍王元轨。	江都郡王绪。	嗣王志顺。		嗣王、左千牛员外将军晖。							
	安定郡王纯。	邵国公志直，以南阳郡公纲长子继。									
	胙国公绰。	翼国公志廉，以南昌郡公绚长子继。									

	南阳公纲。	袭公志悌。									
	南昌郡公绚。										
	山阳郡公绎。										

虢王房。

虢庄王凤。	嗣王翼。	嗣王寓。									
	郇国公颙。										
	定襄公、宣州刺史宏。	嗣虢王、秘书监邕。	嗣王、河南节度使巨。	嗣王、左金吾大将军则之。							
			豳国公、昭义军节度	循王府长史宗之。							

			使、检校吏部尚书承昭，字承昭。								
				太仆寺主簿徵。							
				榆次令应。							
				润之。							
	东莞郡公茂融。	濮阳郡王、宗正卿彻。									
	中山郡公尧臣。	袭公、宗正卿伯潜。	郑州刺史韬。	密令承皓。							
	燕郡公舜臣。										

道王房。

道孝王元庆。	嗣王诱。									
	东安郡公、寿州刺史询。	嗣王、宗正卿微。	嗣王、宗正卿锞。	嗣王、京兆尹实。						
	南康郡公谅。	嗣公崎。								
	信安郡公诩。									
	广汉郡公谧。									
	鄱阳郡公諲。									

	敷城郡公诞。	右千牛将军岑。	嗣公云。	兵部郎中洞清。							
	鲁阳郡公谍。										
	修城郡公谋							兵部尚书辟缰，元庆十一世孙。	鸿胪卿绍封。	仁济。	匡远字圣文。
										允济。	在愚字韬业。

邓王房。

邓康王元裕。	嗣王灵，以江王第五										

	子继。										

舒王房，建中元年改为嗣郢王房。

舒王元名。	豫章王亶。	嗣王、左威卫将军津。		嗣王万	嗣王藻。						
	郧国公昭。										

鲁王房，宝应元年改为嗣邹王房。

鲁王灵夔。	清河郡王诜。										
	范阳郡王、左散骑常侍蔼。	嗣王、宗正卿道坚。	嗣邹王、太仆卿字	萃。							
		蔡国公道									

		钦。									
		戴国公、宗正卿道邃。									

江王房。

江安王元祥。	永嘉郡王晫。										
	武阳郡王、复州刺史皎。	蘽。	赠秘书监万康。	陇西郡公、左领军卫大将军、太常卿楚珪。	洪州都督长史尚殷。	暖。	承光。	珂。	崇。		
									忠。		
									贤。		
									孝。		

								济。			
						环。					
						仆。	愈。	最。	儿。	团。	滈。
										冬。	
										智。	
									勤。	相。	
									须。	库。	
									崇。	元誉。	
							继。				
							祚。	呈。	玲。	宠。	
										勇。	
					尚炅。						
					左骁卫翊府左郎将尚	太原府至节府折冲都		会。			

					盈。	尉日进。					
					尚达。	闸。					
				奉天定难功臣、左武卫将军晁嵩。	左翊府中郎将尚春。	善训府左果毅都尉怀顺。	礼。				
							宁。				
							鞠。				
							瑶。				
							时。	玩。	阙。	邦。	
						右卫绛州新田府折冲都尉希悦。	翊。	颛。	豣。	恷。	

							翊。	省。	琚。	岫。	
					奉天定难功臣、左金吾卫大将军尚芬。	右金吾卫翊府左郎将庭金。	引。	调。	郁。	阵。	
									恋。	卿。	
							賁。	坤。	滕。	认。	
						庭芝。	事。	珠。	鞠。	温。	
										高。	
									育。	慎。	
										纵。	
								愈。	良。	仰。	
				寿王傅、浙江东道越	桂州长史尚仪。	绍宗。					

				福十二州招讨海贼使晁唐。							
					左羽林大将军、试鸿庐卿、陇西县男尚禄。	兴宗。	孝随	承霏。			
								承霄。	因。	泗。	
						兴昌。	谋。				
							律。	检。	晉。	玉。	
							锐。	鄖。	崑。	皎武。	
								约。	略。	忍。	
						中义。	莆田尉	逢。	郃。	演。	

							翔。				
							晦。				
							周。	瑀。	威。	余。	
									感。	护。	
									凤。	蔼。	
									憧。		
								筠。			
								琏。			
					试太仆卿尚镗。	全交。					
						全立。					
						全经。					
					右骁卫翊府中郎将尚	思勤。					

					羲。						
						试千牛卫长史思颉。					
					左骁卫翊府中郎将晁⿱山从。	江澄。					
						江清。					
						尚长。					
						丹州长松府折冲都尉尚容。	摽。	续。	彦。	师。	将。
						尚荣。	浩然。				

	任国公昕。										
	义兴郡公晧。										
	广平郡公灵。	嗣邓王、右监门卫大将军孝先。									
		信王傅继先。	凤翔少尹无谄。								
		洋国公、金吾卫将军继宗。									
		中郎将继贤。									
	钜鹿郡公晃。	嗣江王、千牛将军钦。									

	暹。										

密王房。

密贞王元晓。	南安王颖。	嗣王勗。										
	亮。	嗣王昙。										

滕王房。

滕王元婴。	薛国公修琦。										
	长安公修珌。										
	嗣滕王修瑀。										

	下邳公修瑶。										
	兰陵公修璞。	金山公知礼。									
		昌宁公知节。									
	临海公修珍。										
	临淮公修琬。										
	修顼。										
	修玘。										
	修琨。										
	修珽。										
	修瑑。										

	修琮。										
	修琉。										
	修理。										
	修琈。										
	修琚。										
	修瑄。	嗣滕王涉，本名茂宗。	嗣王、殿中监湛然。								

太宗文武大圣大广孝皇帝十四子：长曰常山愍王承乾，次曰楚王宽，出继。次曰吴王恪，次曰濮王泰，次曰庶人祐，附濮王谱。次曰蜀王愔，次曰蒋王恽，次曰越王贞，次曰高宗，次曰纪王慎，次曰江王嚣，次曰代王简，次曰赵王福，次曰曹王明。嚣、简、福皆附曹王谱。

恒山愍王房。

恒山愍王承乾。	郇国公象。	太子詹事玭。	宗正卿粹。	信州刺史佃。							

			尚书左丞廙。	邕管经略使兼御史中丞位。	孟舆。						
					仲权。						
					季谋。						
		适之，相玄宗。									
	鄂州别驾厥。	扶风郡太守昶。									
		旭。									
	医。										

吴王房

吴王恪。	成王千里，	太仆少卿、蔡国公瓘。								

	初名仁。	天水郡王僖。									
			右金吾卫将军、郕国公峒。								
	郎陵王玮。	嗣王祚。									
		广汉王祐，本名褕。									
	淄、卫、宋、郑、梁、幽六州刺史，赠吴王琨。	信安王祎。	越国公峘。								
			户部侍郎峄。								
			岘，相肃宗。孝孙。								

			峡。								
			岩。								
			峦。								
			右千牛卫将军岗。								
		毕国公襦。									
		褍。									
		嗣吴王祇。	苏、颍二州刺史岵。								
			崌。								
			嗣王巘。	嗣王寅。复。							
		袿。									
	归政郡王境。	吴国公禬。									

濮王房。

濮恭王泰。	嗣王欣。	嗣王峤，初名余庆。	襄阳郡司马诚初。	鸿庐丞倚。	自勤。						
					自建。						
					自顺。						
					自诚。						
					自愔。						
			诚逸。								
			诚奢。								
			诚惑。								
			诚恽。								
			诚超。								
			诚疑。								
			永兴丞诚信。满。								

				何。							
				侗。							
	新安郡王徽。										
蜀悼王愔。	广都王琇。										
	江陵郡公瑾。										
	房郢台三州刺史、嗣王璠。										

蒋王房。

蒋王恽。	博陵王焯。										
	嗣蒋王炜。	铣。	嗣王绍宗。	济州司马	吏部常	赞字子					

				钦业。	选逿。	匡。					
				嗣王、左千牛卫将军钦福。	颁。						
					颢。						
					颍。						
				濠州司马钦锷。	序。						
					廙。						
	蔡国公煜。	承业。									
		承嘉。									
		承胤。									
		左武卫将军、蔡国公承祖。	鄂州别驾之远。	岳州长史禧。	吏部常选骖。						

					吏部常选[illegible]。						
					骤。						
			太子宾客之芳。	奉天皇帝庙丞伫。	珣。						
					玠。						
			定陵令之芬。								
			同州别驾、成纪县男之萼。								
			忻王府司马、清河县男之兰。	左清道率府兵曹参军系。							
				项城令俟。	永城尉	从质。					

					驹。						
						从师。					
						从古。					
						从乂。					
						从众。					
					泽州参军纪。	从素。					
						从鲁。					
						从俭。					
				侈。							
				佚。							
	泗水公炯。										
	五原公逖。										
	六安公珙。	袭公、忠王府长史思	袭公、殿中监恕。								

		绚。									
			都水监丞已。								
		珍州司马承煦。	昌庭。								
			国芬。								
			国干。								
	弋阳郡公焕。										
	建宁公休道。	中山王据，初名思顺。	右卫长史齐昌。	繁。							
			宗正卿齐运，字仲达。	太常主簿赞，初名庠。	珂。						
					顼。						
				康。							

				庚。							
				典膳丞赘。							
			齐明。	廉。							
	九真郡公发。										
	浔阳郡公爽。	袭公、右武卫将军森，初名温。	鸿胪寺主簿盈。	监察御史里行乘。	连江令群。						
					湖城主簿皋。	处仪。					
						处修。					
						处位。					
					七盘令早。	处厚。					
					硖石尉	处约。					

					平。						
					六合尉 常。	处仁。					
					王城尉 准。	处让。					
				宗正主簿 凝。	谯尉聿。						
					临涣尉 单。	嗣宗。					
						茂宗。					
						元宗。					
						绍宗。					
					峰。						
					芊。						
					牟。						

			桥陵令羡。	万州刺史元系。	万州录事参军知至。	博雅。			
						兴平丞博文。			
				余姚令元隐。	知则。				
			杭州刺史构。	太常寺协律郎种。					
				常州司法参军税。	希。				
					茂玄。				
					茂豪。				
					茂竟。				
				滁州司马	玄一。				

				秭。						
				岳州司马。 稜。	茂奭。					
					浑。					
				钱塘丞程。	茂雍。					
					茂高。					
					茂元。					
				郧丞積。	茂文。					
					茂章。					
					茂奇。					
				吏部常选 积。						
			亳州司户 参军抡	湖州参军 稠。	绛。					
					纯。					

					绶。						
				称。	缙。						
					绅。						
				稠。	绰。						
					纬。						
			松滋尉枞。	元立。							
				元直。							
		安州别驾括。	申州刺史珽。	越州兵曹参军鼐。	吏部常选承庆。	实。					
						寰。					
						宬。					
					吏部常选承荣。	寮。					
						审。					
					吏部常						

					选承叙。						
					吏部常选承义。						
					吏部常选承怡。						
			同州司兵参军璘。								
			节愍庙令繁。								
			卢州司马揖。	嘉兴丞颜。	绩。	译。					
						讯。					
					缥。						
				吏部常选颙。	吏部常选绩。						

					绅。					
				义乌丞颖。	纮。					
					纾。					
					纲。					
		尚衣奉御滔。								
	安定郡公封。		颍川郡伯椿，初名承恩。	蜀州司兵参军若愚。						
				太子文学若冰。						
				蕲州刺史若水。	太常寺协律郎雄。	文力。				
						文方。				

				庆王府兵曹参军若旧。	义乌主簿广。	维宁。					
						维城。					
						维平。					
						维清。					
				广州司马若思。	某王府参军卓。	仁忠。					
						仁志。					
						仁愿。					
						仁恕。					
					虔王府参军准。						
				盛王府参军若虚。	吏部常选摽。	角。					

						房。					
				延王府参军若彦。							
	咸宁郡公珪。										
	颍田郡公璋。										
	汝南郡公察。										
	同安郡公游素。										
	真安郡公游艺。										

越王房

越敬王贞。	琅邪王冲。	汲。									
	洽。										
	沈国公温。										
	常山公清。										
	临淮公珍子。			晋州参军锐。	嗣越王存绍。						
	规。										

纪王房。

纪王慎。	东平郡王续。	徐国公行淹。	兖州录事参军毅。		季准。						
					王屋主簿季和。						

				武陟尉沔。							
				修武尉汀。							
				让。							
			项城令平仲。								
			商州录事参军方叔。								
			邓州参军成季。								
			谷熟尉幼直。	王屋主簿少和。	仁范。						
				准。							
				行余。							

			泗州长史鬷。	冯。							
				弁。							
				弇。							
				羿。							
	义阳郡王琮。	行远。									
		行芳。									
		邓国公、汝州刺史行休。	宁州刺史赞。	大理丞较。							
				新平令辖。							
				西河令韶	高平令季真。						
					遂平令						

					君儒。						
			曹州别驾兢。	成都府士曹参军锼。							
				右率府兵曹参军辖。							
				吏部常选轮。							
			狄道县男、宗正少卿觊。	猗氏丞辩。							
				陕令辑。							
				漳州刺史轲。							
				左率府兵曹参军较。							

				虞乡尉辕。	黄。						
					宗儒。						
					剑南效职章章。						
					瓘。						
				江阳令[illegible]。	宗仪。	兴子。					
						阿神。					
					太原府司录参军愿。						
					阳翟令宗本。						
					谯尉应。						
					阿师。						
					诸暨尉						

					李五。						
	乐安县公、衡州别驾悊。										
	丹杨郡公、宋州刺史庄。	袭公、汴州节度使行祎。	均州刺史洧。	陕府兵曹参军审。	文举。						
					晋州参军荣子。	谯丞衢，以姊婿崔敌谏子继。					
						万泉令立言。					
					同州司马文通。	元立。					

				永乐令寂。	敦叙。	元度。					
				扶风令宙。	卢州司仓参军老老。						
				潞州录事参军宁。	朗山令，文贞。						
					蒲圻令文亮。						
					安吉主簿文约。	阿荡。					
			汾州司户参军亨。								
			抚州别驾良。	长社令寮。							
				昆山令宷。	吏部常	观主。					

					选愖。						
					余姚令悰。	少矜。					
					富阳令某。	雷泽令少微。	阿叔。				
							阿老。				
					江夏令恒。	余姚主簿少真。					
						舒州参军崟。					
					武昌尉惟。	唐兴主簿少康。					
						台州押衙少毅。					
						少赞。					

				当涂令置。							
				亳州司兵参军宰。	悦。						
					博昌尉惬。						
					鱼台主簿悚。						
				乌程尉实。	永新令悸。	阿岩。					
			盩厔令汴。	黄岩令爽。	常州司兵参军悛。						
					邹尉文质。						
					余姚尉						

					让。						
			绵、蜀等州刺史渐。	犀浦尉晟。	嶲州刺史重。						
					垂。						
			袭丹杨公、桂府都督良。								
	楚国公、江王友睿。										
	襄阳郡公、博州别驾秀。										
	广化郡公、梁王友献。										
	建平郡公、										

	赵王府司马钦。										
	陇西郡公、都官郎中旷。	淄州刺史行淳。	安邑尉调。								
			荆南、杨子两税使判官询。	吉州文学公度。							
				容府经略推官庆之。	镭。						
					铹。						
		常州司兵参军元辅。	颛。								
			项。								
			颉。								

			颀。								
		吏部常选元弼。	颙。								
			愿。								
			颌。								
		复州刺史行肃。	美原尉某。								
			武德令谟。								
		袭陇西郡公、宣歙观察使行穆。	义乌令词。	太常寺奉礼郎元裕。	左押衙、当涂镇遏使，兼知县事、检校右仆射廷彦。	南陵镇县事、检校刑部尚书用休。	宣州衙前虞候法师。				

							左军衙前总管三奇。				
		金州刺史行正。	泗州司马谣。								
			华州司功参军记。								
			卫南尉迪。								
			宁陵尉迥。								
		谯郡司户参军行谦。	鄂州司马诸。	吏部常选德宣。							
	嗣纪王、定州刺史澄，初名铁诚。	嗣王、信王府长史行同。									
		嗣纪王、光									

		禄少卿行周。									
		端王府司马行用。									
		襄王府司马行冏。									
		嘉州刺史行冈。	广都令翃。								
			嗣纪王、资州司马建。								
			德阳尉翊。								
			锦州录事参军翊。								

曹王房。

赵王福。	赠建平王胤。								
	嗣赵王穆。	嗣王思顺，以蒋王恽孙继。							
	信都郡公泽。								
	邯郸公恭。								
曹恭王明。	零陵王俊。								
	黎国公杰。	嗣曹王胤。	嗣王、右卫率府中郎将戢。	嗣成王、江南东道节度使、户部尚书皋，字	左金吾卫将军道古。	纮。			

				子兰。							
						绰。					
						绍。					
						绾。					
					安南都护象古。						
					复古。						
	价。	济国公臻。									
	嗣曹王、卫尉少卿同正员备。										
	右武卫大将军偲。	昌。	训。	挺。	宗。	长江令晆。 瑜。		载椿。	宣。	丕。	琠。
										汶。	游弈使亚夫。

											玘。
											璋。
										琛。	
								寿椿。	置。	璕。	
										璌。	言。
											稳。
											高。
											金。
										玩。	霸。
											敬佁。
									宧。	伯昀。	可周。
											可围。
											可同。
											可朋。
							昵。	晟。	进玉。	塘。	晁。

承义。											
晏。											
承礼。											
晁。											
	嶕。										
	祧。										
周。	璇。	玗。	晟。								
景信。	珍。										
忠信。											
宥信。											
正信。											
怀信。											
神睿。	远。	翊。									
	达。										
	岩。	戣。									

逢。	崇。									
元顺。	峤。									
元颉。										
承祐。	崧。									
晋。										
居静。										
归汉。	峕。									
延珠。	讽。	叔殷。	承光。	暕。						
权。	怀谦。									
枢。										
孺臣。	匡绪。	叔毅。								
	匡译。									
延族。	匡友。									
延实。										
延海。	匡业。									

欋。	绍。	蕴。	行昭。		行伟。								式。	
匡宾。			蓁。	匡远。	椽。	球。	璜。		珪。				摽。	
			叔微。			叔徽。			恪。	悦。	惶。	从道。	玫。	
								玔。	璠。			𪻐。	玹。	
								曙。						映。

太祁。	饶。	玎。	赛。	晴。
太郃。				
太郢。	馂。			
太邟。		玗。		
太郚。				
太郁。				
太鄗。	饷。			
		强。		
太静。	録。	琉。		
太丰。				
	味言。			
太郎。	味余。			
太邢。				
太鄽。				
	餇。	珸。		

									瓘。	慊。	

高宗天皇大圣大弘孝皇帝八子。

燕王房。

燕王忠。											

泽王房。

泽王上金。	长平王义瑜。										
	义琎。										
	义琛。										
	义珍。										
	义现。										

	义玮。									
	义玫。									
	义珪。									
	嗣信王义珦。	嗣王、守光禄卿漶。	嗣王润。							

许王房。

许王素节。	琪。									
	瑛。									
	珇。									
	琬。									
	瓒。									
	玚。									
	瑗。									

	琛。										
	唐臣。										
	中山郡王琳。	灵昌太守、夔国公随。	库部员外郎侠。								
	嗣许王、秘书监瓘。	嗣王、宗正少卿解。	嗣王、殿中监昭。								
	嗣泽王璆。	郢国公、梓州刺史谦。									
		汝南公、兵部郎中巽。									
		益。									
	巴国公钦古。	袭公赍。									

大邠章怀太子房。

章怀太子贤。	义丰王光顺									
	邠王守礼。	广武王承宏。								
		秘书少监承骞。								
		嗣邠王承宁。	嗣王谓。							
		敦煌王承寀。								
		仪王司马承宥。								
		梁王谘议								

		参军承寰。								
		梁王谘议参军承实。								
		丰王友承害。								
		丰王友承实。								
		信王谘议参军承宾。								
		信王谘议参军承赍。								
		延王友承宧。								
		延王友承容。								

		荣王谘议参军承突。								
		荣王谘议参军承[illegible]。								
		永王友承疥。								
		永王友承穷。								
		济王谘议参军承寯。								
		济王谘议参军承[illegible]。								
	永安郡王、赠毕王守义。									

中宗大和大圣大昭孝皇帝四子。

湖阳郡王房。

节愍太子重俊。	湖阳郡王宗晖。										

睿宗玄真大圣大兴孝皇帝六子。

让皇帝房，亦曰宁王房。

让皇帝宪。	汝阳王琎，初名嗣恭，又名淳。	陇西县男、剑州刺史椿。									
		顿丘县子、睦州别驾									

槸。	敦煌县子、泰陵令榧。	天水县男、朗州别驾稻。	宗正少卿杙。	梠。	范阳县男枵。	弘农令梗。	枫。	上邽县男、富平令子 闻礼。 太原少尹 昱。

		枢。									
				嗣宁王、邠宁节度使存礼。							
			黝令子称。	居礼。							
				三水令全礼。							
			太子中允子谊。	左武卫将军传礼。							
				陇西郡公、灵武节度使玄礼。	光禄寺丞光符。						
					检校祠部员外郎光启。						

					陇西县男、检校吏部尚书光硕，初名渎。						
					桥陵台令济。	传裔。	守琮。	文著。			
								文蔚。			
								文郁。			
								守端。	友泽。	诰。	
										谋。	
										咏。	
									友谅。	湜。	
										演。	
				彭原令恭							

				礼。							
	济阳郡王嗣庄。										
	嗣宁王琳。	鸿庐卿栩。									
		嗣宁王、宗正卿橓。	嗣王子溆。								
			嗣宁王、太仆卿子鸿。	嗣王、太子家令平原。	嗣王、秘书少监颖。						
	颍川郡公珣。										
	晋昌郡公珽。										
	魏郡公瑄。										
	苍梧郡公	杞，以晋昌									

	玠。	公珽第五子继。									
			岭南节度使从易。	荣州刺史弘度。							
				蓬、剑、滁、光等州刺史弘毅。							
			濠、复等州刺史从简。								
	文安郡公瓘。										
	汉中郡王瑀。	楬。									
		太常博士、太子中舍	谏议大夫景俭。	圻字次山。							

		人梢。									
				堪字胜之。							
			散骑常侍景儒。								
			江州刺史景信。	乔字平叔。							
			容管经略使、左庶子景仁。								

惠庄太子房，亦曰申王房。

惠壮太子㧑。	嗣申王珣，初名嗣英，以让皇帝										

	第六子继。										
	嗣王𪻐，以构。珣兄继。		嗣申王、陕州左司马师贞。								
		左散骑常侍秘。	赠谏议大夫祐。	凤、齐、乾、婺、安五州刺史弘让。							
				左赞善大夫允方。							
				泾原节度副使仲方。	戴。						
				醴泉令元方。	恕。						
					佺。						
				光禄少卿							

				敬立。							
		赠国子司业楝。	嘉、衡二州刺史翊。	太原少尹泳。	僭。						
			扶沟令承方。	嗣申王锐。							
		棖。									

惠文太子房，亦曰岐王房。

惠文太子范	河东郡王瑾。										
	河西郡王玠。										
	嗣岐王珍，以惠宣太	嗣王逸。	嗣王愈。	嗣王云翰。							

	子子继。									

惠宣太子房，亦曰薛王房。

惠宣太子业。	乐安郡王瑗。									
	荥阳郡王玚。	绛州长史迥。								
		遐。								
	嗣薛王琄。									
	嗣王邃。	嗣王宓。	嗣王知柔，相昭宗。							
	特进璨。									
	特进璩。									
	琛。									

	璪。										
	琇。	逢。									
	琼。										

玄宗至道大圣大明孝皇帝二十三子。自玄宗以后，诸王不出阁，不分房，子孙阙而不见。

奉天皇帝琮。	嗣庆王俅，以废太子瑛第三子继。										
废太子瑛。	新平郡王俨，字伯庄。										
	平原郡王伸。										
	倩。										

	郑国公儆。										
	韩国公、太仆卿备。										
	太仆卿伦。										
棣王琰。	汝南郡王僎。										
	宜都郡王侨。										
	济南郡王俊。										
	顺化郡王�。										
	卫尉卿微。										
	太仆卿僚。										
	国子祭酒										

	侠。										
	殿中监仁。										
	秘书监僾。										
鄂王瑶。											
静恭太子琬。	济阴郡王俌。										
	北平郡王偕。										
	陈留郡王倩。										
	卫尉卿傆。										
	秘书监僓。										
	鸿庐卿佩。										
	文安郡王像。										

光王琚。	
仪王璲。	嗣王佺。
	临川郡王侁。
	广陵郡王僆。
	虢国公供。
颍王璬。	荥阳郡王伸。
	高邑郡王偃。
	楚国公俔。
	号国公僔。
永王璘。	襄城郡王偒。

	余姚郡王儹。										
	莒国公侦。										
	郯国公儇。										
	国子祭酒伶。										
	国子祭酒仪。										
寿王瑁。	德阳郡王僾。										
	济阳郡王伓。										
	广阳郡王倛。										
	薛国公伉。										

	滕国公侑。									
	国子祭酒杰。									
		嗣寿王存志。								
延王玢。	彭城郡王倬。									
	平阳郡王侹。									
	鲁国公倞。									
	荆国公偃。									
	太仆卿佐。									
盛王琦。	真定郡王偿。									
	信都郡王									

	佩。										
	徐国公俗。										
	许国公係。										
济王环。	永嘉郡王傣。										
	平乐郡王俛。										
	沛国公佴。										
	萧国公俸。										
信王珵。	新安郡王佟。										
	晋陵郡王倜。										
	吴国公保。										
	越国公伋。										

	鄗国公俦。										
		嗣信王林。									
义王玭。	武阳郡王仪。										
	高密郡王僇。										
	曹国公佳。										
	魏国公偺。										
陈王珪。	安南郡王伦。										
	临淮郡王佗。										
	安阳郡王佼。										
	秘书监仿。										

	代国公俘。
	宣城郡王俨。
	赠太常卿侻。
丰王珙。	齐安郡王俛。
	宜春郡王伷。
	郫国公佽。
	江国公侚。
恒王瑱。	
凉王璇。	泸阳郡王仂。
	安定郡王

	仕。	
	蒲国公佋。	
	郑国公侳。	
		嗣凉王宾雅。

肃宗文明武德大圣大宣孝皇帝十四子。

越王系。	武威郡王建。	
	兴道郡王逌。	
	延德郡王迨。	
承天皇帝		

倓。										
彭王仅。	常山郡王镇。									
兖王僩。										
泾王侹。	延德郡王迨。									
襄王僙。	伊吾郡王宣。									
	乐安郡王宷。									
杞王倕。	同昌郡王寁。									
郡王偲。										

代宗睿文孝武皇帝二十子。

昭靖太子邈。	舒王谊。	宁塞郡王、太仆卿涉。										
		清河郡王、太府卿汭。										
	灵溪郡王詠。											
睦王述。	恭化郡王谓。											
	洪源郡王、太常卿讽。											
丹王逾。	宁朔郡王、宗正卿访。											
恩王连。	景城郡王、											

	大理卿诲。											
韩王迥。	安康郡王谐。											
简王遘。	恩平郡王、司农卿证。											
益王迺。												
隋王迅。												
忻王造。	武威郡王、太府卿诸。											
韶王暹。	晋昌郡王、鸿庐卿诩。											
嘉王运。	新安郡王、太仆卿诉。											
端王遇。	新兴郡王、卫尉卿诚。											

循王遹。	平乐郡王、光禄卿护。											
恭王通。												
原王逵。												
雅王逸。												
蜀王遡。												

德宗神武孝文皇帝十一子。

通王谌。	山阳郡王缄。										
虔王谅。											
资王谦。											
昭王诫。											
钦王谔。											

珍王诚。										

顺宗至德弘道大圣大安孝皇帝二十二子。

郯王经。	东平郡王佫。										
均王纬。											
溆王纵。	清河郡王怀。										
莒王纾。	内黄郡王愔。										
密王绸。											
郇王缌。											
邵王约。											
宗王结。											

集王缃。											
冀王𬘭。											
和王绮。											
衡王绚。											
钦王缋。											
会王𫄸。											
福王绾。	高阳郡王慎。										
珍王缮。											
抚王纮。	中山郡王㤕。										
岳王绲。											
袁王绅。	安善郡王憧。										
桂王纶。											

翼王绰。	上谷郡王忭。									
蕲王缉。										

宪宗昭文章武大圣至神孝皇帝二十子。

惠昭皇太子宁。										
沣王恽。	东阳郡王汉。									
	安陆郡王源。									
	临川郡王演。									
深王悰。	河内郡王									

	潭。										
	吴兴郡王淑。										
洋王忻。	颍川郡王沛。										
绛王悟。	新安郡王洙。										
	高平郡王滂。										
建王恪											
鄜王憬。	平阳郡王溥。										
琼王悦。	河间郡王津。										
沔王恂。	晋陵郡王										

	瀛。										
婺王怿。	新平郡王清。										
茂王愔。	武功郡王滤。										
淄王协。	许昌郡王浣。										
	冯翊郡王滋。										
衢王憺。	晋平郡王涉。										
澶王恍。	雁门郡王泞。										
棣王惴。											
彭王惕。											

信王憻。										
荣王愦。	嗣王令平。									

穆宗睿圣文惠孝皇帝五子。

怀懿太子凑。										
安王溶。										

敬宗睿武昭愍孝皇帝五子。

悼怀太子普。										
梁王休复。										
襄王执中。										
纪王言扬。										

陈王成美。										

文宗元圣昭献孝皇帝二子。

庄恪太子永。										
蒋王宗俭。										

武宗至道昭肃孝皇帝五子。

杞王峻。										
益王岘。										
兖王岐。										
德王峄。										
昌王嵯。										

宣宗元圣至明成武献文睿知章仁神德懿道大孝皇帝十一子。

靖怀太子渼。											
雅王泾。											
卫王灌。											
夔王滋。											
庆王沂。											
濮王泽。											
怀王洽。											
鄂王润。											
昭王汭。											
康王汶。											
广王澭。											

懿宗昭圣恭惠孝皇帝八子。

魏王佾。										
凉王侹。										
蜀王佶。										
威王侃。										
吉王保。										
恭哀太子倚。										

僖宗圣神聪睿仁哲明孝皇帝二子。

建王震。										
益王陞。										

昭宗圣文睿德光武弘孝皇帝十七子。

德王裕。											
棣王祤。											
虔王禊。											
沂王禋。											
遂王祎。											
景王秘。											
祁王祺。											
雅王禛。											
琼王祥。											
端王祯。											
丰王祁。											
和王福。											
登王禧。											

嘉王祜。											
颍王禔。											
蔡王祐											

宗室四十一房：一曰定州刺史，二曰南阳公，三曰谯王，四曰蔡王，五曰毕王，六曰雍王，七曰郇王，八曰大郑王，九曰蜀王，十曰巢王，十一曰大楚王，十二曰荆王，十三曰徐王，十四曰韩王，十五曰彭王，十六曰小郑王，十七曰霍王，十八曰虢王，十九曰道王，二十曰邓王，二十一曰舒王，二十二曰鲁王，二十三曰江王，二十四曰密王，二十五曰滕王，二十六曰恒山王，二十七曰吴王，二十八曰濮王，二十九曰蒋王，三十曰越王，三十一曰纪王，三十二曰曹王，三十三曰泽王，三十四曰章怀太子，三十五曰湖阳郡王，三十六曰让皇帝，三十七曰惠庄太子，三十八曰惠文太子，三十九曰惠宣太子，蜀王房又有陇西、渤海二房附见其谱，定著三十九房。终唐之世，有宰相十一人。郇王房有林甫、回；郑王房有程、石、福；小郑王房有勉、夷简、宗闵；恒山王房有适之；吴王房有岘；惠宣太子房有知柔。

唐书卷七一上
表第一一上

宰相世系一上

唐为国久，传世多，而诸臣亦各修其家法，务以门族相高。其材子贤孙不殒其世德，或父子相继居相位，或累数世而屡显，或终唐之世不绝。呜呼，其亦盛矣！然其所以盛衰者，虽由功德薄厚，亦在其子孙。作《宰相世系表》。

裴氏出自风姓。颛顼裔孙大业生女华，女华生大费，大费生皋陶，皋陶生伯益，赐姓嬴氏。生大廉，大廉五世孙曰仲衍，仲衍四世孙曰轩，轩生潏，潏生飞廉，飞廉生恶来，恶来生女防，女防生旁皋，旁皋生太几，太几生大骆，大骆生非子，周孝王使养马汧、渭之间，以马蕃息，封之于秦为附庸，使续嬴氏，号曰秦嬴。非子之支孙封𨛬乡，因以为氏，今闻喜𨛬城是也。六世孙陵，当周僖王之时封为解邑君，乃去“邑”从

"衣"为裴。裴，衣长貌。一云晋平公封颛顼之孙针于周川之裴中，号裴君，疑不可辨。陵裔孙盖，汉水衡都尉、侍中，九世孙敦煌太守遵，自云中从光武平陇、蜀，徙居河东安邑，安、顺之际徙闻喜。曾孙晔，并州刺史、度辽将军。子茂字巨光，灵帝时历郡守、尚书，率诸将讨李傕有功，封阳吉平侯。三子：潜、徽、辑。

西眷裴出自阳吉平侯茂长子徽，字文秀，魏冀州刺史、兰陵武公，以其子孙多仕西凉者，故号西眷。四子：黎、康、楷、绰。黎字伯宗，一名演，游击将军、秘书监。二子粹、苞。粹，晋武威太守。二子：诜、晅。诜，太常卿，避地凉州，及苻坚克河西，复还解县，生劭，劭生和，和生鍾，鍾生景惠。

景惠，后魏州别驾。	会	韬。	融，后周司木大夫。	孝瑜，仪同大将军。	该。		奂，户部员外郎。				
								恂，赤丞。			
					祎。						
					爽。						
					寂字真玄，相高祖。	律师，驸马都尉、河东公。	承光，检校左羽林军将				

							军、郧国公。				
							承禄,右清道率、河东公。	景倦,武强公。			
						法师,将军、闻喜公。					
	他字元化,后魏中军将军、荆州刺史。	让之字士礼,齐中书舍人。		净。							
				纶,太子舍人。		杰。					
						式微,大					

						理司直。					
		讷之字士言，北齐中书舍人，居闻喜。	揆。								
						子仪，瀛州刺史。					
			世矩字弘大，相高祖。	宣机，礼部侍郎。							
				奉高。	延庆，商州刺史、闻喜公。						
				善昌，河州刺史。							

		谒之字士敬,齐壶关令。	通。		瑀,费州刺史。						

洗马裴出自粹子晅。晅生慬,自河西归桑梓,居解县洗马川,号洗马裴,仕前秦大鸿胪。二子:天恩、天寿。

天恩,后魏武都太守。	安祖,安邑令。	思济。	错。	同。							
					机。	奉礼。	享,驾部郎中。				
						恒,左拾遗。					
						谈,相中宗。	元明,睦州刺史。	光裔。	旻,左金吾大		

									将军。		
									晟，和州刺史。	康时，昭应令。	恰，滁州刺史，生宣礼，司农卿。
									晞，尚方监。		
						仙裔。					
		幼隽，猗氏令。		处晞。							
		庆升。			弘献，刑部郎中、颍州刺史，初以	邦基字祖思，大理正。					

					蜀王府法曹参军删改律令。						
	祖思。	仲初。	昶。			克巳,京掾。					
						克谐,都官员外郎。					
					万顷,冀州刺史。						
	祖爱。	义同,鸿胪卿。	仁素。	大同,洛交府折冲。	炎字子隆,相中宗、武后。	懿,太子舍人。					

						彦先，太子中舍人。					
					旦，京掾。	佃先，工部尚书、翼城公。	愿，左补阙。				
			翼。				思益，起居舍人。				
			道玄。			重晈，一名积庆，登州刺史。	朏，礼部郎中。	慎从。			
天寿，后魏中书博士。	智深。	袭。	叔腾。		善政，隋黎州刺	文立，纪王府谘	元简，尉氏尉。	旷，御史中	鹍，容州长		

					史、黎国议参军。公。			丞。	史。		
									虬，谏议大夫。	复字茂绍，河南少尹。	璟，生蟾。
											质，吏部郎中。
											望郎。
										乾贞字敬夫，潼关防御史、御史大夫。	讷，太子正字、夏州观察判官。

											谟。
											谣。
										恭字肃夫，邕管经略使	琰。
											璋。
										弘泰，义成邠宁凤翔节度使、太子少傅、河东县伯。	
										竦。	
		述。		士衡。			季通，	金依训，			

							部郎中、恒王傅。	绛州刺史。			
				士勣。			延休，慈州刺史。				
		英。	元。								
			彦，后周骠骑大将军、吉阳郡公。	通，开府仪同三司、义郡公。	弘策，隋将作大匠、黎温公。	行方字德备，茂州道行军总管、清丘道行军副总管、右卫将军、检校幽	履昭，甘州刺史。	务。	裔。	茂，襄阳节度使。	

						州都督，袭怀义平公。				
									荐，主客员外郎。	次元，福建观察使兼御史中丞、京兆尹。三子：处道、处范、处权。处范生曦字蕴微。处权字

晦之，礼部郎中。生晞，字升蒙。											
		敷，成都少尹。									
			晋，梓州刺史。	敬忠。							
		遂，一名从，京兆少尹	观，荆州按察使。								
				元琰，都官员外		善文。					

							郎。				
			兢。	操之。	弘泰，雍州录事参军。	思义，河东太守、晋城县子。	敭珍，薛王骑曹参军。	回字玉温，任城尉。			
									迪。	荐。	
									通，同州刺史。		
									造。		
									达。		
					太猷，监察御史。	闻韶，赤尉。					
					大方。	思敬，一					

						名思明，蓬州刺史。					

南来吴裴出自黎第二子苞。苞三子：轸、丕、彬。轸生嗣，嗣西凉武都太守。三子：邕、𡙇、策。邕度江居襄阳，生顺宗。顺宗三子：叔宝、叔业、令宝。叔业，齐南兖州刺史，初归北，号南来吴裴，事后魏，豫州刺史、兰陵郡公，谥忠武。子茜之、芬之、简之、英之、蔼之。

茜之字文听，北齐隋王左常侍。	谭，辅国将军袭兰陵敬公。	测字伯源，后周常侍。									
					同节，殿中侍御史。		光复虔州刺史。				
简之，后魏岐州刺史。		景，富平令。	正，隋散骑常侍。	慎字归厚，	九思，历仲卿。		浮，永平集。				

				南郑鄭令。	阳丞。		尉、大理正。				
						季卿，湖州司士参军。	淑，汝州参军。				
						叔卿，济州司马。	洵，扬府参军。				
							润，明法。				
							净，明法。				
							演，明经。				
							江，明经。				

					守真字方忠，邠、宁二州刺史。	子余，给事中，谥孝。	泳，奉礼郎。				
							颍，左清道率府兵曹参军。				
						巨卿，卫尉少卿。	沐，河南府参军。				
							淤，临安令。				
							枢，司勋员外郎。	惮字知止。			

			衮字补臣。								
				遂，太子司议郎。	耀卿字涣之，相玄宗。						
			泛，梁州兒。都督。								
			收。								
			彪。								
				汯，秘书少监。							
硐字祈山。	孝项。	泰章字敦藻，给事中。	佶字弘正，国子祭酒。	综，吏部郎中。							
		含章字									

	积中。										
	耕字德实。										
	茂章字子光。	琬，侍御史。									
	钺字鼎俊。										
		武，大府卿。									
	德藩字商老。	堪，江西观察使。	皋，给事中。								
	德融字周耀。										
	德符字渭翁。										

							延,通事舍人。				
						幼卿,洛阳尉。	士安,太府卿。	亮。			
						侨卿,起居郎。	佐。				
							佑。				
							傅。				
							保。				
							信。				
							汧,尚舍直长。		仲佐。		
									叔谟。		
									叔猷,均州刺史。		

								伯言，户部员外郎。	行立，邕管经略使。		
						春卿，太子中允。	淑，仓曹参军。				
							挺，内直丞。				
								常棣，杭州刺史。	临字敦吉。		
								常宪。			
								好古。			
								好问。			
						昱，鼓城令。	洽，左司御兵曹参军。				

							济,明法。				
							液。				
							澈。				
				归仁,潞府司兵参军。	知柔,夷州司马。	袭治。	广。				
							嗣。				
					守祚,下邳令。	令温,房、豫、陕三州刺史。	导。				

令宝二子:彦先、彦远。彦远生鉴,鉴生献。

献,隋扶州	义山。	爽。									

刺史、临汾公。										
		知节，南和令。	倩。	士淹，礼部尚书、绛郡公。	登。					
					通字文玄，检校礼部尚书。					
					婴，阆州刺史。					
				士南。						
		行本，相武后。								
	罗，隋魏郡	公纬，祠部	瑾之，仓部	漼，太子宾	充。					

	丞。	郎中。	郎中。	客、正平懿公。							
			琰之。	缅。	系，谏议大夫。						
		公绎，邢州长史。	延昕，婺州刺史。								
			无悔，袁州长史。	卓，岐州刺史。	腾，户部郎中。	说，员外郎。					
						淙。					
						冲。					
						汶，湖州刺史。					
						浑。					
						浚。					
					清，秘书	叔潾。					

					监。						
					霸，吏部员外郎。						
				坦，太平令。	兴，工部员外郎。						
				昌，弘农太守。	御，户部郎中。	滉。					
						涓。					
				宽，礼部尚书。	谞字士明，东都副留守。	弘仪。					
						戡。					
				歆，侍御史、大理正。	胜，国子司业。	澥，给事中。	览。				

							克，河南府司录参军。	珏，杭州刺史。	坚。		
								璩字挺秀，检校司空。			
								瓒字公器，刑部尚书。	垣字克构。		
					腆，户部侍郎。	泾。					
						沼。					
						注。					
						涣。					
					佾，凤州						

					刺史。						
				恂，河内太守。	育，检校员外郎。	澡，工部郎中。					
						溶。					
						濡。					
					渐。						
					修。						
					靖，舒州刺史。						
				晏。							
				京，汝州别驾。	胄字遐叔，检校兵部尚书，谥成。	胤，容府经略推官。					

						温，太子舍人。					
						漳，右卫录事参军。					
						浣，绛州参军。					
						涣，弘文明经。					
		公绩。	挺之，洪州都督。								
允。		肃，右领军将军。									
晀。	龙虔，相州刺史。		守义，左补阙。								

中眷裴氏出自嗣中子嵩，晋太尉宋公版谘议参军、并州别驾，号中眷。三子：万虎、双虎、三虎。

万虎。	保欢。	良字元宝，后魏太府卿谥贞。	子通，隋太中大夫。			敬彝，吏部侍郎。	锡，司勋员外郎。				
			叔祉，北齐太府卿。	子阐。			元质，尚书右丞。		杞。		
	大丑。		庆孙，后魏太中大夫。	子莹，太尉司参军。	受。	宣明，华州刺史，谥简。	景鸾，华州刺史。	文端，北齐行台郎。	愿。		
									安。		
									弘。		
									振。		
							景鸿，北齐和夷	叔卿，贝丘令。	神举，和州刺史。		

	旭，和州刺史，生光进、尧臣、禹臣，延龄户部侍郎，生操。	眺，金部郎中，孙嘉寿。
	绍宗。	茂宗，礼部尚书。
	神符。	
郡守。		

双虎，后魏河东郡太守。	秀业，天水郡太守。	邃，正平郡太守、澄城县子。	文举字道裕，后周青州刺史。	胄，大都督。	神，安邑通守。	知礼，同州刺史。	思本。			
							思哲。			
							思恭。			
						知古，太常令。				
			玑。			大感，石州刺史。	允初，太子宾客。	藏之，道州刺史。	常。	
								则之。		
	惠秀。	嵩寿，梁兵部尚书。	伯凤，后周光汾二州刺史、琅邪郡公。	定高，袭琅邪郡公、冯翊郡公。	仁基字德本，隋光禄大夫、忠公。	行俨。	贞隐，邵南府果毅。	参玄，邓州刺史。	植，祠部郎中。	

								义玄。			
								悟玄，赤丞。			
								延休。			
								庆远。			
				德超，宁州刺史。	思简。	休贞，定州刺史。					
					思谅，灵武大总管、河东郡公。	肃，亲卫参军。					
							孜察，汉州刺史。	敫。			
								繁。			
								微。			

					行俭，襄武道大总管、闻喜宪公。	光庭字连城，相玄宗。	稹，司勋员外郎，袭正平县子。	倩字容卿，度支郎中、正平县男，谥节。	均字君齐，左仆射平章事、郇公。	铁，凤翔府参军、河东县男。
										锷，江陵尉。
										铕。
										铄。
										镐。
								儆字九思，左金吾将军，谥成。	坚，殿中丞。	
									墐字封	铣。

		鐇。	锽字振德。		
叔，吉州长史。	埴字靖之，秘书监。	埙，户部郎中。			
				倚，殿中侍御史。	侑，榆次尉。

三虎，后魏义阳太守。	文德。	轨。	瑾。				景叔，青州刺史。				
			子瑜。				喻，朗州刺史。				
			景深。	著。	世清，江州刺史。	嘉陵，齐州司马。					
							思训，巴州刺史。	皎然。	周南，监察御史。		
									邵南。		
									士南。		
								修然。	国南。		
	嵩仁。			耀之，高阳太守。	知道，武陵令。	义弘，中书舍人、玄武公。	惓字翁喜，杭州刺史、河东县男。	遵裕。	单。		

									宜。		
								遵业。	彭。	礼，韶州刺史。	
								遵庆字少良，相代宗。	会，都官郎中。		
									向字傃仁，吏部尚书。	寅字子敬，御史大夫。	格。
											枢字化圣，相昭宗。
	桃弓。	夙字买兴，	鉴，司徒右	泽，北齐黄	祥。			方产，右	感，太子		

		后魏河北太守。	长史。	门侍郎。				司郎中。	谕德。		

苞第三子丕。丕孙定宗。定宗,凉州刺史。生讹,后魏冠军将军。生辽,太原太守、散骑常侍,生纂。纂,正平太守、鄜西公,四子:舒、嗣、秀、询。舒,后周车骑将军、元氏公,生昂。生玄运,濮州刺史。生季友,司门郎中、太子仆。生武,武曾孙䜣。

䜣,赤尉。	总,太常博士、太子舍人。										
		世节,隋营州司马、永福公。	玄本,梁州都督,袭永福公。								
			知久,宜芳令。	安期,汾州司马。	后已,济源令。	郁,太常卿、河东县公。					

						郃，少府监丞。					
						郧，涪州刺史。					
						鄗，兖州别驾。					
						郜，汾州别驾。	乂，福建观察使。	诲。			
								警。			
								谟。	凯字敦士。		
								坦字知进，相僖宗。	质字殷敬。		
									勋字思		

								弘。		
								賨字延实。		
								购字昌言。		
						稷，虔州刺史。	储，大理丞。	贽字敬臣，相昭宗。	羽字用化，寿安尉。	
						埤字右郊，越州观察判官。				
							及。			
					循己，左卫大将	郎，泽州刺史。				

					军。						
						郧,岭南节度判官。					
						丰,江州刺史。	温伯,泽州刺史。		岫,宜春尉。		
						郢,河阳令。					
					修己,左赞善大夫。	鄠,衢州刺史。					
						郇,宣州长史。					
					远,梁主簿。						

			知言。	琬，登州刺史。							
				玚。							

东眷裴出自茂第三子辑，号东眷，生颍。颍，司隶校尉，生武，字文应，晋大将军、玄菟太守，永嘉末，避地平州。二子：开、湛。开字景舒，仕慕容氏，太常卿、祭酒。三子：原、成、范。范字仁则，河南太守。四子：韬、冲、湛、绥。冲字太宁，后秦并州刺史、夷陵子。五子：道子、道护、道大、道会、道赐。道子字复泰，本州别驾，从刘裕入关，事魏，南梁州刺史、义昌顺伯。三子：德欢、恩立、辅立。德欢一名度，豫、郑、广、坊四州刺史，谥曰康。二子：澄、礼。

澄字静虑，后魏汾州刺史。	景汉字仲霄，后周车骑大将军。	镜民，隋兵曹郎。	熙载，兵部尚书。	居道，相武后。	望，麟台郎。						
					兼。						
					润。						
					融，右骁		泰，安南				

					卫将军。		都护。				
			熙勣,洛州长史。	居业。							
				中庸。		恂,京掾。					
		文度,隋绛州留守,知蒲、虞、绛、秦十六州兵马事。	瞿昙,舒州刺史。	居素。	恽。	孝礼,京掾。	洽。				
							汲。				
						孝智,都官郎中。	通,寿州刺史。				
							造。				
				居默,太	恪,亳州	千钧,丹	政柔,左	炫,隰川			

				谷令。	刺史。	州刺史。	金吾将军。	令。			
								峤，虞部员外郎。	浩，麟游令。		
									滔，闻喜令。		
						敬休，文水令。					
					敦柔，闻喜令。						
								建，新安令。			
								锐，绛州刺史。			
								弘庆，屯			

								田郎中。			
								弘本，鄂州知院。			
								鲁雇，宿州刺史。			
								鲁宾。			
								玘。			
			大方，司列员外郎。	居晊。							
				居士，太子少詹事。	虚巳，光禄卿、驸马都尉。						
				虚舟，左赞善大夫。	元乘。						

					璆。	徽，殿中丞、驸马都尉。	液，道州刺史、驸马都尉。				
					珖。						
					玲，太仆卿、驸马都尉。	儆，太常卿、驸马都尉。					
						光叔，导江令。	师贞。				
				居业。							
				居约。							
				居近。							
			正觉。								
	尼字景尼，之隐，梓后周御正州长史、										

	大夫。	会稽安男。									
		师民,后周记室参军。									
		之爽。	希仁,膳部郎中。								
			希惇字处实,齐州长史。	思进,隋令。	巽,国子祭酒、驸马都尉、魏国公。	齐参,赞善大夫。					
						齐闵,国子司业。	颖,卫尉卿、驸马都尉。				
							颀,太原				

							令。				
							颋。				
						齐游，秘书少监。	大亮，兼御史中丞。				
						齐丘，秘书监、驸马都尉。					
						齐婴，陈王府长史。	顼。				
					孚。						
					临，秘书郎。						
					随。	冀，右金					

						吾将军。					
					鼎，左卫将军。	友悌，郴州刺史。					
				思约，威远令。							
				思礼，谷熟令。							
				思政。							
				医王，太子仆。							
				思温，洛州司功参军。							
			希壮，陈州刺史。	抗，京掾。	宣。	肃字中明，浙东	俦字次之，江西	延翰字伯甫，蓝			

						观察使。	观察使。	田尉、集贤校理。			
								延鲁字东礼，浙东观察使。			
						宗。	休字公美，相宣	弘字裕志。	瑀字夷玉。		
									珣字德润。		
								弢字藏器。	瑑。		
							俅字冠仪，谏议	渥。			

							大夫。				
								澈字深源，相僖宗。			
				㧑，宁州刺史。							
				撙，职方郎中。							
			巨源。	思慎，职方郎中。							
			稚珪，户部郎中。								

道护二子：次爱、祖念。生弘陁，后魏闻喜公。生鸿琳，易郡太守。生客儿。

客儿，后魏长平郡丞。	文行，右艾丞。	玄度，绛丞。	翔，朝城令。	浩。司田参	佐，杭州军。							
	文政。	玄珪，庄州都督。	献之。									
		令慈。	守一，河州刺史。	偃。								
				淑，永州刺史。								
	文艺，后魏伊、河二州刺	思贤，青州刺史。										

	史。										
		遵，齐州刺史。	果字茂昭，后周眉复二州刺史、冠军质公。	孝仁，建、谯、亳三州刺史。							
		思业。	谱								
鸿智，襄州长史、高邑县侯。	师道。	怀节，洛州刺史，谥定。	浩，太仆少卿。	贞，诧州刺史。							
			昭，太府少卿。	礶，右金吾将军、平阳贞公。	兢，大理司直。						
					悟，长乐						

					太守。						
					怦，洛交太守。	希先，温州刺史。					
				纲，蔡州刺史。	璩，河南少尹。	澄，苏州刺史。					
						济。					
						泾，泉州刺史。					
					欢，赤尉。						
					相，京掾。						
			皎，太庙令。	之庆，绥州刺史。							

		怀俭,监察御史。				昱,高陵令。	增。				
							垍字弘中,相宪宗。	镗。			
							衡字无私。				
								晔。			
							垧,大理少卿。	含章。			
								惠迪。			
								思猷字献臣,工部尚书。			
								思谦字	绍光字		

								自牧，左安卑。散骑常侍兼大理卿。			
									绍昌，殿慎辞。中侍御史。		
								思。	洗，大理寺丞。		
									濯，临汾尉。		
									混，太原府参军。		
									湘，绛州司法参		

									军。		
							墉，寿州刺史。				
						登。	堪。	绅字子佩。	庭裕字膺余。	悫字庄己。	
	师武。	怀肃。		愻，吉州刺史。							
		怀昃，忠州刺史。									
	师义。	怀感，洋州刺史。	陟，滑州司马。	纪，长安丞。	冕字章甫，相代宗。						
					正，河中少尹。	殷。					
						壳。					

						某，朗州刺史。	希颜，邕府巡官。				
							觉。				
					昪，太仆卿。	箧，赞善大夫。					
						俭，剑州刺史。					
						素。					
						广。					
						均。					
					婴。	匠，慈州刺史。					
						汇。					
						匪。					
						匣。					

				绾。	宪。	区。					
						苢,国子司业。					
						爽。	格字文明。				
				缵。	洄。	偃。					
					昕,兼御史中丞。						
			成。		岘。						
			珍。		平。						
			泰,京掾。								
欣敬。			鲁师。	知机。	铉。	夏。	政,行军司马。	克谅。			
					置。	有邻,濮阳令。	溆,渑池丞。	度字中立,相	谍字宜业,翰林		

								宪、穆、敬、文。	学士、工部侍郎。		
									诩。	造。	
									淰，权知刑部侍郎。	沼字化龙。	
									调。		
									识字通理，检校右仆射、晋昭公。	佋，监察御史。	
										迥，司封员外郎。	纯懿，掌书记。

									诚。	光鼎字德原。	
									让。	禹昌字圣规。	

裴氏定著五房：一曰西眷裴，二曰洗马裴，三曰南来吴裴，四曰中眷裴，五曰东眷裴。宰相十七人。西眷有寂、矩；洗马有谈、炎；南来吴有耀卿、行本、坦；中眷有光庭、遵庆、枢、贽；东眷有居道、休、澈、垍、冕、度。

刘氏出自祁姓。帝尧陶唐氏子孙生子有文在手曰："刘累"，因以为名。能扰龙，事夏为御龙氏，在商为豕韦氏，在周封为杜伯，亦称唐杜氏。至宣王，灭其国。其子隰叔奔晋为士师，生士艻。艻生成伯缺，缺生士会。会适秦，归晋，有子留于秦，自为刘氏。生明，明生远，远生阳，十世孙，战国时获于魏，遂为魏大夫。秦灭魏，徙大梁，生清，徙居沛。生仁，号丰公。生煓，字执嘉。生四子：伯、仲、邦、交。邦，汉高祖也。高祖七世孙宣帝，生楚孝王嚣，嚣生思王衍，衍生纡，纡生居巢侯般，字伯兴。般生恺，字伯豫，太尉、司空。生茂，字叔盛，司空、太中大夫，徙居丛亭里。恺六世孙讷，晋司隶校尉。孙宪生羡。羡二子：敏、该。敏从子僧利。

敏。	庆，后魏东徐州刺史，谥曰简。	轸，北齐高平太守。	通字子将，隋毗陵郡通守。	德威字尚重，刑部尚书。	审礼，工部尚书、彭城公。	佺寿，太常丞。					
						侍庶。					
						易从，汉州长史。	升，中书舍人。				
							聂，给事中。	颢。			
								颛，殿中侍御史。	识。		
					崇业。	朏，汴州刺史。					
					延景，陕州刺史。	温玉，许州刺史。	寡悔，齐州刺史。				

						承颜，宗正卿。					
						瑷，国子祭酒。	为辅。	商，检校虞部郎中。			
									仁师字行舆，司勋郎中。		
								寰。			
							为鳞。				
						琪，左卫将军。	为翼。				
							为范。				
				德敏，梁州都督。	崇术，隋州刺史。						

					悦，凤州刺史。						
				德智，滁州刺史。	延嗣，汾州刺史。						
					崇直，嘉州刺史。	体微，谏议大夫、卫尉卿。					
					守约。	昌源，秦州都督。					
						宅相，吏部郎中。					
					守悌，刑部侍郎。						
	轨。		权，隋卫尉卿。	澈。							

	僧利，后魏羽林监。	世明字伯楚，南兖州刺史。	伟字世英，北齐睢州刺史。	瑗。	胤之，楚州刺史。		欣时，侍御史。				
							叔时，殿中侍御史。				
					行之。	延祐，安南都护。	含章。	猛。			
						延庆。	贲，太平尉。	液，管城汴令。			
							居简，太原尹。	深。			
				珉，北齐睢阳太守。	务本，隋留县长。	藏器，比部员外郎。	知柔，工部尚书、彭城侯。	绎，金部郎中。			

								缉，巴陵太守。			
								綝，和州刺史。			
								绘，延州刺史。			
								缮，桂府都督。			
							知章。				
							子玄，中书舍人、居巢文公。	晛，起居郎。	浃。	敦质。	
									滋，相德宗。	约。	

										绪。	
								𫗧，河南功曹参军。	赟。	从周，左补阙。	
								汇，尚书右丞。	赞字公佐，宣歙观察使、彭城县男。	茂孙。	
										胜孙。	
										宪孙。	
										懿孙。	
								秩，国子祭酒。	贲。		
									制。		

								迅，左补阙。			
								迥，给事中。			

京兆武功刘氏，本出彭城，后周有石州刺史懿。

懿。	昭，隋上仪同三司。	文静字肇仁，相高祖。	树艺。								
			树义，袭鲁国公。								
		文起，通直散骑常侍。									

彭城刘氏又有刘升。

升。	景字司光，鄜坊从事。	瞻字几之，相懿宗。	滉字鉴源。								
			陟。								
			延赏，渭南尉、右拾遗。								

尉氏刘氏出自汉章帝子河间孝王开，世居乐城，十世孙通徙居尉氏。

通，后魏建武将军、南阳太守、乐城侯。		能，北齐冠军将军。	炽，淮阳王参军。	子威。	仁轨字正则，相高宗。	滔。					
							浚，工部员外郎。	晃，太常卿，袭乐	子藩，河东节度	熠，雅州刺史。	瑑字子全，相宣

								城公。	掌书记、虞部员外郎。		宗。
											项字昭愿。
							昂，京兆少尹。	子之。	元鼎，慈州刺史。	思字秀挺。	
									公舆，祠部员外郎。		
					仁相。						

临淮刘氏出自汉世祖光武皇帝子广陵思王荆。子俞乡元侯平，平生彪，袭封，事继母以孝闻，世号仁义侯。生玄，玄生熙，魏尚书郎。熙生述，东平太守。述生建，晋永城令，世居临淮。建生会，历琅邪内史，从元帝度江，居丹杨。曾孙彦英，宋给事中、通直散骑常侍。二子：隐人、逸人。梁末又徙晋陵。隐人五世孙子翼。

子翼字小心，著作郎、弘文馆学士。	懿之，给事中。										
	祎之，相武后。	扬名。									

南阳刘氏出自长沙定王。生安众康侯丹，袭封三世，徙沮阳。裔孙廙字恭嗣，魏侍中、关内侯，无子，以弟子阜嗣。阜字伯陵，陈留太守。生乔，字仲彦，晋太傅军谘祭酒。生挺，颍川太守。二子：简、耽。耽字敬道，为尚书令。生柳，字叔惠，徐、兖、江三州刺史，又徙江陵。曾孙虬。

虬字灵预，宋当阳令，文艺先生。	之遴字思贞，梁都官尚书。			洎字思道，相太宗。	广宗，都官郎中。						
						敦行，屯田员外	肱。				

						郎。					
							朓。				
					弘业。						

广平刘氏出自汉景帝子赵敬肃王彭祖。彭祖生阴城思侯苍，苍薨。嗣子有罪不得立，遂居广平肥乡。苍十一世孙邵，字孔才，魏散骑常侍。十一世孙藻。

藻。	矜，兖州刺史。		林甫，中书侍郎、乐平男。	祥道，相高宗。	齐贤，更名景先，相高宗。						
					广礼。						
				庆道，祠部郎中。							
				应道，吏部郎中。	令植，礼部尚书。	儒之，京兆少尹。	从一，相德宗。				

				武干，会宁五州留守，袭金乡公。	元昴，括州刺史。	如璠，朐山丞。	逦字永夷，兵部侍郎、贞惠公。	伯刍字素芝，刑部侍郎。	宽夫字盛之，泽潞掌书记、秘书省校书郎。	允章字辒中。	济明字外朗。
										焕章字文中。	
										玄章字求中。	
									端夫，吏部员外郎。		
									岩夫字子耕。		

丹杨刘氏，世居句容。

三复，刑部侍郎。	邺字汉藩，相懿宗、僖宗。	希字至颜。									
		覃字致君，校书郎。									

曹州南华刘氏出自汉楚元王交之后，自彭城避地徙南华，筑堌以居，世号“刘堌”。隋有东莱令刘晋字进之。三子：郁、多让、多退。

郁字蔚卿，弘文馆学士。	怀器字汨藏。	知仁字仲安，新郑令。	十儿，五经及第。								
	恭字伯寅，新井令。	知晦字仲昌，武功	昱字士明，大理司直。	传经字仲习，殿中侍	谱字伯图，睦州	鼎字仲实。	颜，新安令。				

		丞。		御史。	士曹参军。						
							徽郎。				
						巽字中正。					
						咸。					
						革。					
						解。					
						益。					
				专经字仲纯,侍御史、徐州观察判官。	审一。						
				缮经字仲							

				壮，幽州功曹参军。							
				深经字仲渊，幽州功曹参军。							
			暹字士昭，杭州刺史。	谈经字辨之，大理评事。	濛字润之，大理卿。	墀，河中少尹。					
						埴字秉中，兵部、吏部郎中。	颢。				
							颍，著作郎。				

							拱。			
							技字士能，检校户部员外郎。	文滔，泉州观察推官。		
								文济字霸源，吏部郎中。		
								文泽，武连令。		
							徵字休祥，蓝田尉、直史馆。			
							武库。			

							揆，长水尉。				
						圻字唐叟，宣武节度判官。	首孙，江阳令。				
							弄璋。				
						垣。					
					涣字济川，芮城尉。						
					珝字子美，大理评事。	埤，陈留令。					
					汪。	坛。					

				通经字仲达，奉天尉。							
				全经字仲博，清河尉。	贯字宝卿，王屋尉。	垍。					
						弘夫。					
						鹏夫。					
						颜夫。					
				瞻经字仲丰。							
				遵经字仲常，太常寺太祝。	天养。						

				志经字仲修，雅州刺史。	灌字礼先，华州司马。	纪，大理评事。					
						实，西河令。					
						详，金州防御判官。	绍。				
							董。				
							阿尹，渠江令。				
							阿更。				
						从方，朗山令。					
						纮，商南					

						令。					
						缊，渠江三象。 令。					
						绾。					
						频。					
					洙字教先，好畤尉。	庚子。					
					潼字子固，河东节度使。	纾。					
					堤。						
			晏字士安，相肃宗、代宗。	执经字长儒，吏部郎中。	璨字景光，大理评事、岭	审己，华州文学。					

					南节度判官。						
						说字直哉。					
					瑀字景温，泽州刺史。	彦，卢氏尉。					
					珰字景润，楚州参军。						
					琢字景真。	坤。					
						垌，松阳令。					
					和字时						

					中，汝州司士参军。						
					珂字景仪，夏尉。	诰字坦然，普安令。					
						𬣙，泽州录事参军。					
						韶，新宁令。					
				宗经字仲儒，国子祭酒。	倚字正卿，监察御史。	权，平舆令。					

					文简，洛阳丞。						
					侃，虢州长史、左赞善大夫。	好古字彦纯，宋州司士参军。	车子。				
							季随。				
						好问字彦博，无锡丞。					
						好学字彦深，苏州功曹参军。					
					伉，蓝田	挺，溵水					

					令。	令。					
						轩，河南尉。					
						辎。					
					俨，龙丘令。	承嗣。					
	怀策字伯谋。	知至字惟几。	去澄。								
		知运字惟变。	宝，南充丞。								
		知远字惟深。									
多让字肃之。	知满字子冲。	绪福。	钦太。								

			钦瑜。								
			钦惠。								
		神庆。									
		神务。	光辅。								
		犨。	光嶷。								
			逸愷。								
		环。									
		赞。	璋。								
多退字敬之。	怀亮字子信。										
	怀璧字子温。	景珍。									
	怀安字子宁。										

刘氏定著七房：一曰彭城，二曰尉氏，三曰临淮，四曰南阳，五曰广平，六曰丹杨，七曰南华。宰相十二人。彭城房有滋、文静、瞻；尉氏房有仁轨、琢；临淮房有祎之；南阳房有洎；广平房有祥道、景先、从一；丹杨房有邺；南华房有晏。

河南刘氏本出匈奴之族。汉高祖以宗女妻冒顿，其俗贵者皆从母姓，因改为刘氏。左贤王去卑裔孙库仁，字没根，后魏南部大人、凌江将军。弟眷，生罗辰，定州刺史、永安敬公。其后又居辽东襄平，徙河南。罗辰五世孙环隽，字仲贤，北齐中书侍郎、秀容懿公。弟仕隽。

仕隽。	坦字宽夫，隋大理卿、昌国县伯。	政会，邢襄公。	玄意字深之，汝州刺史、驸马都尉。	奇，天官侍郎。	慎知，获嘉令。	獒，东阿令。	藻字茂实，秘书郎。	符字端期，蔡州刺史。	崇龟字子长，清海节度使。	垂字昭贶。	
									崇彝字子宪，都官郎中。		
									崇望字		

希徙，相昭宗。		
崇鲁字郊文，水部员外郎、知制诰。		
崇谟字成禹，太常少卿、弘文馆直学士。		
珪字宝臣，洪洞令。	岳字昭辅。	

									环。		
									玗。		
					超，河南少尹。	全诚。					
					微字可大，吴郡太守、江南采访使。	方平。					
					同，万年令。						
				循，金吾将军。							
			玄象，主客郎中。								

			玄育，易州刺史。								

河南刘氏，宰相一人。崇望。

唐书卷七一下
表第一一下

宰相世系一下

萧氏出自姬姓，帝喾之后。商帝乙庶子微子，周封为宋公，弟仲衍八世孙戴公生子衎，字乐父，裔孙大心平南宫长万有功，封于萧，以为附庸，今徐州萧县是也，子孙因以为氏。其后楚灭萧，裔孙不疑为楚相春申君上客，世居丰沛。汉有丞相酂文终侯何，二子：遗、则。则生彪，字伯文，谏议大夫、侍中，以事始徙兰陵丞县。生章，公府掾。章生仰，字惠高，生晧。晧生望之，御史大夫，徙杜陵。生育，光禄大夫。生绍，御史中丞，复还兰陵。生闳，光禄勋。闳生阐，济阴太守。阐生冰，吴郡太守。冰生苞，后汉中山相。生周，博士。周生蟜，蛇丘长。蟜生逵，州从事。逵生休，孝廉。休生豹，广陵郡丞。豹生裔，太中大夫。生整，字公齐，晋淮南令，过江居南兰陵武进之东城里。三子：儁、鎋、烈。苞九世孙卓，字子略，洮阳令，女为宋高祖继母，号皇舅房。卓生源之，字君流，徐、兖二州刺史，袭封阳县侯。生思话，郢州都督，封阳穆侯。六子：惠开、惠明、惠基、惠休、惠朗、惠茜。惠茜，齐左户尚书。生介。

介字茂镜，梁侍中。	引字叔休，陈吏部侍郎。	德言，秘书少监。	沈，太子洗马。	安节，相王兵曹参军。	至忠，相中宗、睿宗。	衡。				
						衔。				
						随。				
					元嘉，谏议大夫。					
					广微，工部员外郎。					

齐梁房：整第二子镨，济阴太守。生副子，州治中从事。生道赐，宋南台治中侍御史。三子：尚之、顺之、崇之。顺之字文纬，齐丹杨尹、临湘懿侯。十子：懿、敷、衍、畅、融、宏、伟、秀、憺、恢。衍，梁高祖武皇帝也，号齐梁房。懿字元达，长沙宣武王。七子：业、藻、象、猷、朗、轨、明。明字靖通，梁贞阳侯，曾孙文憬。

文憬，湖州司马。	元祚，萍乡侯。	诚，司勋员外郎。								
		谅，汝州刺史。	直，给事中。	策，检校员外郎。						
				节。						
				革，邵州刺史。	嶰字应之。	说字僧弼。				
					邺字启之，相宣宗。	晏字季平。				
						滉字文度。				
						昌字光祥。				
						黯字中				

						蕴。					
						曙字象文。					
					岘。	翥字文举。					
	元礼，湘州刺史。	[illegible]，虢州刺史。									
		谖，鄂州刺史。									
		诠，大理评事。									
		纂。									

梁高祖武皇帝八子：统、纲、续、绎、综、绩、纶、纪。统，昭明太子。纲，简文皇帝也。统五子：欢、誉、察、警、詧。

欢字孟孙，豫章安王。					崇望，洛阳令。					
察，后梁宣帝。	岿，后梁明帝。	琮，隋莒国公。	铉，集州刺史。							
		璟，秘书监。								
		瑑，晋陵王。	钦，贝州刺史。	昉。						
				昭。						
		珣，南海王。	钜。	嗣德，银州刺史。		炜。				
				嗣业，鸿胪少卿、琅邪郡公。		希谅，黔州都督。				
			钧，太子率	灌字玄茂，	仲豫，绛	贲，侍				

			更令。	渝州长史。	州刺史。	御史。					
						孚,均州刺史					
						晋,汾州刺史。	遇,国子司业。				
							颙,东川行军司马,兼御史大夫。	浣字明文。			
								泳。			
							异,起居舍人。				

					嵩,相玄宗。	华,相肃宗。	恒,殿中侍御史。	倪字思谦,相穆宗。			
						悟,大理司直。	倣字思道,相僖宗。	赓字富侯,给事中。	须字子登。	愿字文恭。	
									益,商州团练推官。		
									颋字子光,度支巡官。		
							俶。	庸字应之。			

						衡，太仆卿、驸马都尉。	戢。				
							复字履俭。初，相德宗。		骞字鹏举。		
								湛。	置，相懿宗。	遘字得圣，相僖宗。	
									宥。	迈字昌圣。	
							巽。				
							升，太仆卿、	位。			

							驸马都尉。				
								佩。			
								儒。			
								偲。			
							鼎，蜀州别驾。				
		瑀字时文，相高祖。	锐，驸马都尉、太常卿。	守业，卫州刺史。		建，黔中观察使。					
				守道。	籍，襄州州刺史。						
				守规。	沔，剑南西川行						

					军司马，兼御史中丞。						
			锴，虞部郎中。								
			钺，给事中。	恕，虢州刺史。	定字梅臣，太常卿。						
	岌。										
	岩，安平王。				隐之，刑部侍郎。						
	岑，吴王。	瓒。	文朗，秘书少监。								
		球。	缮，衢州刺史。								

		瑁。		宪，亳州刺史。							

萧氏定著二房：一曰皇舅房，二曰齐梁房。宰相十人。皇舅房有至忠；齐梁房有瑀、嵩、华、俛、仿、复、置、遘、瑀。

窦氏出自姒姓，夏后氏帝相失国，其妃有仍氏女，方娠，逃出自窦，奔归有仍氏，生子曰少康。少康二子：曰杼，曰龙，留居有仍，遂为窦氏。龙六十九世孙鸣犊，为晋大夫，葬常山。及六卿分晋，窦氏遂居平阳。鸣犊生仲，仲生临，临生亶，亶生阳，阳生庚，庚生诵，二子：世、扈。世生婴，汉丞相魏其侯也。扈二子：经、充。经，秦大将军，生甫，汉孝文皇后之兄也。充，避秦之难，徙居清河，汉赠安成侯，葬观津。二子：长君、广国。广国字少君，章武景侯。二子：定、谊。谊生赏，袭章武侯，宣帝时，以吏二千石徙扶风平陵。二子：寿、邕。寿，护羌校尉，敦煌南窦祖也。邕，南阳太守，生猛，定安太守。二子：秀、敷。秀二子：丕、林。林，后汉武威太守、太中大夫，避难徙居武威，为武威窦祖。敷三子：平年、友、融。融字周公，大司马、安丰戴侯。生穆，城门校尉、驸马都尉，袭安丰侯。五子：勋、宣、褒、霸、嘉。宣生尚，以家难随母徙陇右，为陇右窦祖。嘉，少府兼侍中、安丰侯。三子：潜、奉、万全。奉子武，特进槐里侯，晋赠文嘉贞侯。万全袭安丰侯。二子：会宗、章。会宗子孙居武功扶风。章，大鸿胪卿。三子：陶、唐、统。统字敬道，雁门太守，以窦武之难，亡入鲜卑拓拔部，使居南境代郡平城，以间窥中国，号没鹿回部落大人。后得匈奴旧境，又徙居之。生宾，字力延，袭部落大人。二子：异、他。他字建侯，亦袭部落大人．为后魏神元皇帝所杀，并其部落。他生勤，字羽德，穆帝复使领旧部落，命为纥豆陵氏。晋册穆帝为代王，亦封勤忠义侯，徙居五原。生子真，字玄道，率众入魏，为征西大将军。生朗，字明远，复领父众。二子：滔、祐。祐，辽东公，亦领部落。三子：提、拓、岩。自拓不领部落，为魏侍中、辽东宣王。岩，安西大将军、辽东穆公，从孝武徙洛阳，自是遂为河南洛阳人。三子：那、敦、略。略字六头，征北大将军、建昌孝公。孝文帝之世，复为窦氏。五子：兴、拔、岳、善、炽。

岳，后周清河广平二郡太守、神武郡公，与善、炽，子孙号为“三祖”。岳二子：彪、毅。

彪，后魏定安扶风二郡太守、义安侯。	洪景，隋骠骑大将军、西河郡公。	俨，都水使者，袭公。	明哲，河池郡司马，袭公。	璇。							
毅，后周大司马、杞公。	照，蜀郡太守、钜鹿郡公。	彦，隋驾部侍郎，袭公。	德明，晋陵郡太守，袭公。	知敬，常州长史，袭公。	思泰。						
			德素，南康	怀文，延	思暕，陈仙童。						

			郡太守。	安郡司马。	留令。						
					承家，右勋卫。						
					思忠，寻阳郡司马。	景容，唐安郡司马。	千顷。	敬。			
							万顷。				
						景光。					
						景诠。	万钧。				
							万锡。				
						景俊，恒王府参军。	论。				
							建，左				

							武卫兵曹参军。				
					承祖，三山令。	南容，安康令。	充，猗氏令。				
							瑨，雁门丞。	昕。			
							霈，江陵丞。	工奴。			
							霁，义川令。	穆。			
								浦。			
							迥。				
							伯金。				
							伯玉。				

							伯瑜，平高令。				
						西宾。					
						东里，河东丞。					
					思恭，洪府录事参军。	如璧，东阳令。					
					思泰。						
				怀哲，武威郡都督。	承基，右卫中	俨，扶风主簿。					

					郎。						
						杰,三 水主 簿。					
					承礼。	佖。					
					承庆, 安西副 都护。	伟,左 卫　千 牛。					
						儆,左 金吾胄 曹参 军。					
						倩,恒 王府户 曹参军。					

						伦，恒州参军。					
						佼，太常寺太祝。					
						仪，同州司士参军。					
					承孝，夷陵太守。	僎，唐安郡太守。	迥。				
							逞。				
							遇。				
							逾。				

							述。				
						侨，巴西郡参军。					
					承福。	俊。					
			德冲，陕州刺史。	积善，榆林郡司马。	察，益昌郡司马。						
					宣，新蔡丞。						
					诜，巴西郡参军。						
					崇，乐安主簿。	鸿渐，应城令。	复，监察御史。				
					敞，神						

					皋丞。						
					岳。						
				君布,西令。	南铣。	卓,太原府仓曹参军。					
					良弼。						
				义积,太常少卿。	钦望,中定令。	广成,中部令。	良纵,绵州录事参军。	敬常。	丰。		
								敬则。			
								敬文。			
							良友,泾州录	敬初			

							事参军。				
							良杞。				
						广济，右一监丞。	灯，恒王府参军。				
							履霸，忻州定襄府折冲。	铣，大理评事。	公轨。		
									公敏。		
									公佐。		
									公甫。		
									公亮。		
				义节，虢州	诚言，	庭兰，	霸。				

				刺史。	左监门将军。	卫尉少卿。					
							覃。				
							迁，左卫兵曹参军。				
						庭萱，光禄卿。	文刚，城门郎。				
							文仲，光禄寺丞。				
							文雄，著作郎。				

							及，初名文举，朔州刺史。				
					诚盈，青州刺史。	庭芝，太府少卿。	伯元，会稽令。				
							伯昌，江陵令。				
							伯朗，渭州长史。				
							伯阳，				

		抗。	旻，同官令。	宣孟，长沙令。	都师，
侍御史。	伯良，河阳尉。	叔展，太子正字，左拾遗。		中，给事中。	昱，给
		庭华，中书舍人。		庭蕙，扬府长史。	庭芳。

							事中。	耒阳令。			
								自正。			
					诚奢，富平令。	子童，字。汉阳郡参军。					
						子禹。					
						子夏。					
					诚逸，果州司士参军。	薇。					
						薕。					
			德玄，相高宗	怀让，密州刺史。	思仁字恕，殿中少监、扶	津，永乐令。	良矩，朗州别驾。				

					风郡公。						
							良纬，夔府兵曹参军。				
							良辅。				
							良逸，蒲江令。				
					思纯，南唐郡司马。	洁					
						汲。					
						温，吏部常					

						选。					
						淳。					
					思亮，榆林郡太守。	详，清化太守。	诚顺。				
							诚信。				
							诚勔。				
						汉，忠州长史。	诚质。				
							诚家。				
							诚则，光禄寺主簿。				
							诚悫。				

							良钊。				
							良颙。				
							良镇，射洪令。				
							良铦。				
					思光，蜀州录事参军。	漼，吏部常选。					
						浑，蓬山长史。	良俛。				
						液。					
						泌。	寓。				
							寰。				

							宏。	简能。			
							置。				
							宰。				
						溥，高山令。					
				怀道。	崇喜，卫尉少卿。						
					崇道，广陵郡太守。	况。					
						泳，定州参军。	协。				
						凛，泾	遂良。				

						州司功参军。					
					崇敏，太常丞。	凝。					
				怀武，弘农郡司马。	庭玉。						
					庭瑜。	采。	泳，朔方令。	齐运。			
								齐物。			
					庭璠。						
				怀恪，天水都督。	延宗，舒王文学。						
					延祚，						

					郓州刺史。						
					延福。						
				怀贞，相中、睿。	鼎。						
			德远，乐安县男。	知节，永康令。	崇宗，成都尉。						
					崇基。						
					思光。						
				知勖，左金吾引驾。							
				处常，翼城令。	环。	固思，光州长史。					
						固言，					

						安邑府果毅。					
						固信。					
				桢干，相州参军。							
			德洽，将作大匠。	全真，永乐令。	令宗，左卫翊府左郎将。	慎知，四门府别将。	崇俊。	万。			
						慎惑，安邑府别将。	献诚，太常卿。				
						察言，新津	叔良，太仆	文工，岳阳府			

						令。	卿。	别将。			
							晟。				
					令琬，蜀州司马。	慎盈。					
					令琰，太清府别将。	慎微。	锃。				
							澄。				
					令玢。						
					令琇，兵部常选。						
					令瓌，兵部常选。	慎非，金吾卫大将军。					

						慎滔。					
					令珍，玉津府果毅。						
				全质，江阴令。	令瑜，吏部常选。	珣。					
				知约。							
				知轨。	思贞，成都尉。	崇礼，德阳郡司户参军。	称，太常少卿。	纲。			
								继。			
								维。	儒宗。		
									明宗。		
			知义。	胡子。	元臣。						

				怀质。	荣。						
	文殊，隋仪同三司、成都公。										
	招贤，隋迁州刺史、杞国公。	孝宣，袭安成公。									
		绍宣，袭杞国公。	德藏，以孝宣子继，北海太守，袭杞国公。	灵运，汾州长史，袭杞国公。	琛，河东郡司士参军，袭公。	温，御史大夫。	承胤，濮阳郡参军。	邈，扬州户曹参军。			
								遂，光禄寺丞。			
								连，大			

								理评事。			
					瓘。						
					珣，华州刺史、扶风郡公。	液，以弟子继扬子尉。					
					琰，北海令。	峤。					
						洮。					
						澄。					
						淹。					
					璠。						
					璇，灌津县男。	泫。					

						润。	晋。				
						汪。					
					珪。						
					璆，新平令。						
					璁，灵安丞。	淳。					
						湑。					
						洌。					
						濯。					
						洞。					
						浩。					
					璋。						
				惠慈，渝州司马。	禹。						

					诩，华州司兵参军。	嵩，兖州参军。					
						昆。	郯，吏部常选。				
							郢。				
							鄏。				
					详。						
				义方，扶风郡参军。							
				大智，杞王府参军。	辿，广平郡参军。	琳。					
					务。	畗。					
						颜。					

						凤。	仕俛。				
							仕品。				
					暹，梓潼郡参军。						
				灵勖，鲁王府户曹参军。	钦。	重客。					
					锷，东流令。						
					铣。	蒯。					
						旻，平乡府别将。					
						昊，宁远将					

						军。					
					敬。	好客。					
				灵奖，信都郡太守。	仙期，丽水府别将。	援。	彝。	荣。			
					仙鹤。	捍。					
					仙童	抚。					
					仙客。						
		凤宣。	志，以侄继袭神武郡公。	灵感，和盖令，袭公。	昱，延州户曹参军，袭公。	濯。					
						荣。					
						涓，安业府别	称。				

	偃。	求。				
将。			汪，兵部常选。	浛，道举出身。	堤，新郑令。	涣，兵部常选。
						升，岐阳令，袭神武公。

						润，恒王府兵曹参军。	季伦。		
						泌，戡黎府折冲。	华，闻喜令。		
							季初。		
						潮，贝州司兵参军。			

善一名温，西魏汾华陇三州刺史、永富县男。生荣定。

荣定，隋冀州刺史、陈懿公。	抗字道生，相高祖。	衍，左武候将军。	孝俭。	晔，太仆少卿。							
			孝威。								
			孝忠，简州刺史。								
		静字元休，民部尚书、信都肃公。	逵，驸马都尉，袭公。	松寿，殿中少监。							
			逊字克让，兵部侍郎。								
			邃，蔡州刺史。								

		诞，驸马都尉、莘安公。	孝德，慈州刺史。	希玠，礼部尚书、莘公。	锡。						
					锐。						
				希璥，蓬州刺史。	铨，滑州刺史。						
				敬宾，河南少尹。							
			孝立。		镇，右武卫将军。	颢。					
						顼，洋州刺史。					
			孝冲。								
			孝臻，夷州	瑾。	审言，闻	戬。					

			刺史。		喜尉。						
						权，著作郎。					
						参，相德宗。	景伯，兼监察御史。				
			孝诚，溪州刺史。								
			孝果。	维鋈，水部郎中。							
			孝谌，润州刺史。	希瑊字美玉，太子少傅、豳公。	铼，司农卿。						
					钢，将作						

					监。						
				希球字国珍，太子宾客、冀靖公。	鉴。	荣，虞部郎中。					
				希瑰字希璀，太子少师、毕公。	铉，太子左赞善大夫。						
					锷，驸马都尉、秘书监。	克恭。					
					浚，泾王傅。						
					沔，寿王傅。	克良，驸马都					

						尉。					
						克温。					
					漼，陈王府长史。						
				希琬，卫尉少卿。	锋，太仆少卿。	昱，隋州刺史。					
						昷，凤州刺史。					
			孝礼，良原令。	玮，遂州刺史。							
				琏，京兆少尹。	绍，给事荆府长史。	寓。					

					综。						
					纶。						
					绛，驸马都尉、卫尉卿。						
					缤。						
					绩，奉先令。						
					缜。						
					级。						
				良宾。	林，司封郎中。						
				瑗，光禄少卿。							
					乂，太						

					府卿同正。						
		干。									
		师纶，太府少卿。	尚义。	瓒，道州刺史。							
			尚烈。	进，右庶子。	蒙，太原令。						
					鼎，都官郎中。						
		师武。	孝绰。	憬。	履庭，梓州刺史。	暄。					
					履信，鸿胪卿。	曙。					
						暧。					
		孝约，开州									

		刺史。									
		师仁。									
	庆。	智纯，蒲州刺史。									
		智弘。	怀玉，婺州刺史。								
			怀昶。	从之，右司郎中。							
				从光。	靓。						
					覦，扬府长史。						
				从昭，江州刺史。							
		智圆，开州刺史。									

	琎字之推，将作大匠、邓安公。	普行，饶州刺史。	总，汾州刺史。	弘俨，屯田员外郎。							

炽，周太保、邓公。六子：恭、览、深、嶷、谊、威。

恭，后周雍州牧、鄭国公。	轨字士则，益州都督、鄭公。	奉节，驸马都尉、黄国公。									
				克顺，将作大匠。							
	琮，晋州总管、谯敬公。	孝谦，洛州刺史。									
览。		孝仁，济州									

		刺史。								
		孝鼎，司勋郎中。								
深。	袭，右武卫将军。	文表。	季爽，开州刺史。							
			季安，湖州刺史。			至柔。				
嶷。		德宗，播州刺史。								
谊。		有意，熊州刺史。	元晦，谏议大夫。							
威字文蔚，相高祖。	恽，岐州刺史。	旻。	诩，棣王傅、观津公。	颙，抚州刺史。						

窦武之后又有敬远，封西河公，居扶风平陵，孙善衡。

善衡，左卫将军，袭西河公。	怀亶，洪州都督，袭公。	胤，同昌郡司马，袭公。	叔向，左拾遗。	常字中行，国子祭酒。	弘余，黄州刺史。						
					藩余字外臣。						
				牟字贻周，国子司业。	周余，秘书监。						
				群字丹列，容管观察使。	谦余。						
					审余。						
				庠字胄卿，漳、登、信、	繇。						

				婺四州刺史。							
					载。						
				巩字友封，鄂岳节度副使。	景余。						
					师裕。						
				端。							
		元昌，九陇令。		洵直。							
			彧，庐州刺史。	易直字宗玄，相穆、敬。	纲字受章，循州司户参军。						
					从真，兼						

					殿中侍御史。						
					敬直。						

窦氏定著二房：一曰三祖房，二曰平陵房。宰相六人。三祖房有德玄、怀贞、抗、参、威；平陵房有易直。

陈氏出自妫姓，虞帝舜之后。夏禹封舜子商均于虞城，三十二世孙遏父为周陶正，武王妻以元女大姬，生满，封之于陈，赐姓妫，以奉舜祀，是为胡公。九世孙厉公他生敬仲完，奔齐，以国为姓。既而食邑于田，又为田氏。十五世孙齐王建为秦所灭。三子：升、桓、轸。桓称王氏。轸，楚相，封颍川侯，因徙颍川，称陈氏。生婴，秦东阳令史。婴生成安君余，余生轨，轨生审，审生安，安生恒，恒生愿，愿四子：清、察、齐、尚。齐生源，源三子：实、崱、邃。实字仲弓，后汉大将军掾属，文范先生。六子：纪、夔、洽、谌、休、光。谌字季方，献文先生。生青州刺史忠。二子：佐、和。佐二子：准、徽。准字道基，晋太尉、广陵元公。生伯眕，建兴中度江居曲阿新丰湖。生匡，二子：赤松、世达。世达，长城令，徙居长城下若里，生丞相掾康。康生盱眙太守英，英生尚书郎公弼，公弼生步兵校尉鼎，鼎生散骑侍郎高，高生怀安令咏，咏生安成太守猛，猛生太常卿道巨，道巨生文赞。文赞三子：谈先、霸先、休先。

谈先，梁东宫直阁将军、义兴昭烈公。	昙倩，陈世祖文皇帝。	伯山字静之，鄱阳王。	君范，隋温令。								
			君通，淄州刺史。	矩，穆州刺史。							
			君宾，虔州刺史。								
		伯固字牢之，新安王。	愿，万州刺史。								
		伯仁字寿之，庐陵王。	蕃，隋资阳令。								
				挺，绥州刺							

				史。							
				岌，长城公。							
		伯义字坚之，江夏王。	元基，隋谷熟令。								
			察，文州刺史。								
			宪，忠州刺史。								
		伯谋字深之，桂阳王。	丰，隋番和令。	璇，渠州刺史。							
				瓒，黔州都督。							
		伯信，出继法会，梁州									

		衡阳王，西衡州刺史。	刺史。								
	昙顼，高宗孝宣皇帝。	叔宝，后主。	庄字承肃，隋昌阳令。	蕃字承广，忠州刺史。							
		叔英字子烈，隋涪陵太守。	弘。			履华，夏州刺史。					
			徽。	元凯，申州刺史。							
		叔坚字子成，隋遂宁郡守。		遗玉，泾州长史。							
		叔卿字子弼，隋上党			正，循王傅。						

		通守。									
		叔明字子昭，隋鸿胪少卿。		绎，侍御史。							
				宏，邢州刺史。							
			某，会稽郡司马。	某，晋陵郡司功参军。	兼，右补阙、翰林学士。	当，监察御史。					
						苌，大理评事。					
						京字庆复，秘书少	褒，以从子继，盐官	灌，高安丞。	伯宣，著作郎。	旺字野王。	机。

						监。	令。				
									伯党。	元史。	徽，温州司户参军。
						归，考功员外郎。	翱。				
		叔彪字子华，淮南王。	琼，唐州录事参军。	彝，左散骑常侍。	商字述圣，秘书监、许昌县男。	峻。					
		叔达字子聪，相高祖。	政德。			义，少府少监。					
			玄德。	仲方，顺州							

				刺史。							
			贤德，水部郎中。								
			绍德。		复，盩厔尉。	辽。					

又有颍川陈忠，不知所承。

忠。	邕。	夷行字周道，相文宗。									
		玄锡。									
		夷则。		喜，陵州别驾。	闻，陵州刺史。	仲寓。	光象。				
						昌诲，	康乂。				

						初名黯。					
		夷实。	翱字昭文。								

陈氏宰相三人。叔达、希烈、夷行。

封氏出自姜姓，炎帝裔钜为黄帝师，胙土命氏，至夏后氏之世，封父列为诸侯，其地汴州封丘有封父亭，即封父所都。至周失国，子孙为齐大夫，遂居渤海蓨县。裔孙岌，字仲山，后汉侍中、凉州刺史。生𢘫，𢘫四世孙仁，仁孙释，晋侍中、东夷校尉。二子：悛、悛。悛二子：放、弈。弈，燕太尉。二子：蕲、劝。蕲孙鉴，后魏沧水太守。三子：琳、回、滑。

回字叔念，后魏尚书仆射、富城孝宣公。	隆之字祖裔，北齐右仆射、富城宣懿子。	子绘字仲藻祠部尚书、右仆射，谥简。	宝盖。								
				智瞻。							

		子绣，隋通州刺史。	德润，青城令。	行宾。	广城，雍州司法参军。	希颜，中书舍人、吏部侍郎。					
				行高，礼部郎中。							
				梁客，吏部员外郎、中书舍人。							
			德舆，隋南田令。	安寿，湖州刺史。	玄景。						
			德如，隋河南王司马。	元素，户部侍郎。							
			伦字德彝，	言道，汝宋	思敏。	守静，	利建。	夏时，			

			相高祖、太宗。	二州刺史、驸马都尉。		渠州刺史。		兼殿中侍御史。			
	兴之字祖胄，后魏平北府长史，谥曰文。	孝琬字士茜，北齐东宫洗马。									
		孝琰字士光，北齐通直散骑常侍。	君确。								
			君静。								
			君严。								
			君赞。								
		孝璋。	君诞。		叔廉，光悌。						

					州刺史。						
						愔。					
			君夷。	道弘，右司郎中、虢州刺史。	践一。	无待，刑部郎中。	希奭。	亮，司封员外郎、杭州刺史。	敖字硕夫，户部尚书、渤海县男。	望卿字子践。	
										彦卿字峙元。	翘字明。
										挺卿字慎独。	
										舜卿字赞圣。	
										煦卿字爱之。	

									贡。	特卿字亚公。	
										信卿。	渭字希叟。
						践福，黄州刺史。	无遗。				
						道瑜。	绰。	恩，武邑令。	思业，户部郎中、幽州都督。		
							士泰。	松年。		良弼，京兆府士曹参	洄。

										军。	

封氏宰相一人。伦。

杨氏出自姬姓，周宣王子尚父封为杨侯。一云晋武公子伯侨生文，文生突，羊舌大夫也。又云晋之公族食邑于羊舌，凡三县：一曰铜鞮，二曰杨氏，三曰平阳。突生职，职五子：赤、肸、鲋、虎、季夙。赤字伯华，为铜鞮大夫，生子容；肸字叔向，亦曰叔誉；鲋字叔鱼；虎字叔罴，号"羊舌四族"。叔向，晋太傅，食采杨氏，其地平阳杨氏县是也。叔向生伯石，字食我，以邑为氏，号曰杨石，党于祁盈，盈得罪于晋，并灭羊舌氏，叔向子孙逃于华山仙谷，遂居华阴。有杨章者，生苞、朗、款。苞为韩襄王将，守修武，子孙因居河内。朗为秦将，封临晋君，子孙因居冯翊。款为秦上卿，生硕，字太初，从沛公征伐，为太史。八子：鹦、奋、魋、儵、熊、喜、鹯、魋。喜字幼罗，汉赤泉严侯。生敷，字伯宗，赤泉定侯。生胤，字毋害。胤生敞，字君平，丞相、安平敬侯。二子：忠、恽。忠，安平顷侯。生谭，属国、安平侯。二子：宝、并。宝字稚渊。二子：震、衡。震字伯起，太尉。五子：牧、里、秉、让、奉。牧字孟信，荆州刺史、富波侯。二子：统、馥。十世孙孕，孕六世孙渠，渠生铉，燕北平郡守。生元寿，后魏武川镇司马，生惠嘏。

惠嘏，太原郡守。	謇，汲郡太守。	钟馗，隋义城县公。	处纲，秦州总管、义城	元景。							

			恭公。								
				元珙。	君操，陈州刺史。						
				元约。	谭，度支员外郎。	孚，刑部郎中。	黄裳。	申，侍御史。			
			处乐，隋洛州刺史。								
	烈，平原太守。	祯，宁远将军。	忠，隋桓公、太祖武元皇帝。	坚字那罗延，隋高祖文皇帝。	广，炀皇帝。	昭，元德太子、世宗孝成皇帝。	侑，酅国公。	行基，嗣酅公。	莱字德顺，嗣酅公。	润。	
										温。	幼言，嗣酅

公。											
敦，驸马都尉、太仆卿同正员。		怀让。									
				偞字仁安，隋燕王。							
				侗字仁谨，隋恭皇帝。							
	岳，少府监。	慎余，吏部郎、	崇礼，大府卿	正道，尚衣奉	暕字世胐，隋						

						齐王。	御。	户部尚书。	中、少府少监。		
									慎矜，户部侍郎。	谏，岳州刺史。	
									慎名，洛阳令。		

观王房本出渠孙兴，后魏新平郡守。生国，国孙绍，后周特赐姓屋吕引氏，隋初复旧。后以士雄封观王，号观王房。

国，后魏中散大夫。	定，并州刺史、晋昌穆	绍字子安，后周骠骑	士雄，隋雍州牧、司	恭仁，相高祖。	思谊。	嘉宾，晋州刺					

	侯。	大将军、党城信公。	空、观德王。			史。					
					思训，左屯卫将军。	嘉本，左卫将军。	慎交，驸马都尉、秘书监。	洄，驸马都尉、卫尉卿。	悦，驸马都尉。		
								沐。			
					思讷，凤州刺史。						
				𬘭，隋司隶校尉。	思俭，卫尉少卿。	承祐，右卫将军。					
					思约。	承初。	胤直，莱州刺史。				

						承令，尚书右丞。	宗，兵部郎中。				
							福。	鼎。			
					思礼，岳州刺史。	承绪，邓州刺史。					
						承缄，右金吾将军。					
				续，都水使者、弘农公。	思简，太子舍人。	冲寂，司仆卿。	令一，吏部员外郎。	恺，绵州刺史。	俛。	崟。	
										徵。	
							憼，安				

								州都督。			
								愿，汝州刺史。	廙，赞善大夫。	迪。	
									庭。		
									序。		
								恕，工部郎中。			
								志，苏州刺史。			
								怂，右司郎			

							中。				
					思祯。	正基。	琮，比部郎中。				
						正言，陈州刺史。					
					思止字不殆，潞州刺史、湖城县男。	执柔，相武后。	浚。	蕙，湖州刺史。			
							湜，太原少尹。				

							滔，户、兵、吏三侍郎。	藻。			
						执虚，新安令。	涉，资州刺史、广平郡公。				
						爱业，美原令。					
						执一，朔方节度使、河东郡	濯，隋州刺史。				

						公。					
							汪,殿中侍御史。				
					思昭,膳部员外外。						
				缜。	思玄,吏部侍郎。						
					思敬,礼部尚书、驸马都尉。						
				纲,主爵郎中、平阿	思谦,光禄卿。	履忠,殿中侍					

				公。		御史。					
						履言。	湑,仓部郎中。				
				恭道		暹,汾阴令。	谭,广州都督。				
							诎。	伯明。			
								叔兴。			
							护,水部郎中。	询伯。			
				师道,相太宗。	豫之。						
			士贵,隋道福,蒲州刺								

			抚二州刺 史、邢国 公。	史。							
				誉，汾州刺 史、静公。	崇礼。			晤。	损。		
									渐。		
					崇敬，太 子少师、 郑懿公。	志诚， 吏部员 外郎中。	澂，兵 部郎 中。	默。			
								黓。			
							泚，左 武卫将 军。				
							均，光 禄少				

							卿。				
			达字士达，缄。隋纳言、始安恭侯。		全节。	知庆，左武将军。		翊，尚书奉御。			
						知运。	令珪，汉州刺史。	揩，左卫将军。			
								援，巴州刺史。	岳。		
									罡。		
									岱。		
									嵇，检校员外郎。		

						知亮，集州刺史。					
						知什。	挹玉，太仆卿。				
							幼玉，右卫将军。				
							遗玉，郑王傅。				
			白泽。	孝义。							
				至公。	令祎，司农少						

					卿。						
					令深，商州刺史。						
				知敬。							
				孝仁，济、汝二州刺史。							

孚五世孙赞，隋辅国将军、河东公。生初，左光禄大夫、华山郡公。初裔孙播，世居扶风。

播。	炎字公南，相德宗。	朗，殿中侍御史。									

太尉震子奉，字季叔，后汉城门校尉、中书侍郎。八世孙结，仕慕容氏中山相。二子：珍、继。至顺，徙居河中永乐，岐徙居原武。

珍，后魏上谷太守。	真，河内、清河二太守。	懿，洛州刺史、弘农简公。	顺字延伯，冀州刺史、三门县伯。	琛，仪同三司、平乡县公。	汪字元度，隋梁郡通守。	令本，库部郎中。	友谅，昊陵令。	珣，宣州司士参军。	国忠，相玄宗。	暄，太常卿。	
										晓，殿中少监。	
										朏，鸿胪卿、驸马都尉。	
										晞，太子中允。	
							志谦。	玄琰，蜀州司	铦，殿中秘书		

								户参军。	监。		
								玄珪，工部尚书。	锜，大仆卿、驸马都尉。	晅。	
								玄璬，国子司业。	鉴，湖州刺史。		
							志诠。	明肃，少府监。			
			津字罗汉，后魏司空、孝穆公。	愔字遵彦，北齐尚书令、开府			复珪，起居郎。				

				王。							
				昉字延孝，后魏安南将军。							
				岐，吕州刺史。	行表，长安尉。	敏。	冠时，侍御史。				
						綝字再思，相武后、中宗。	祯，司勋员外郎。	献，汝南太守。	和。		
						亮字季昭，邓州刺史。					
						润字温	回，遂	勉。	垂。		

						玉，国子祭酒、湖城公。	宁太守。				
								炅，遂州刺史。			
								昱，偃师丞。	归厚，右拾遗。	辂字殷驾。	
							侃，白水令。	缜。			
								纮。			
								绘。			
								绾字公弘微，			

								权，相代宗。	兼监察御史。		
						寂字玄之，陕主簿。					

越公房本出中山相结次子继。生晖，洛州刺史，谥曰简。生河间太守恩，恩生越恭公钧，号越公房。

钧，恒州刺史、越恭公。	暄字宣和，西魏度支尚书。	敷字文衍，后周汾州刺史、临贞杜武公。	素字处道，隋尚书令、司徒、楚景武公。	玄奖，清河公。	崇本，宋州长史。						
				积善，上仪同。							
						悟灵，	幼烈，	藏器，	遗直，	发。	楪字文

						钱塘令。	宁州司马。	三水丞。	濠州录事参军。		逸。
										假。	
										收字藏之，相懿宗。	鉴字文通，生弘，字伯宽。
											镳字文豪
											钜字文硕。
										严字凛之，兵部侍郎	涉字文川，相昭宗，

										判度支。	生凝式。
											注字文台。
											洞字文远。
			约，隋万年令、修武公。								
			慎，义安侯。								
			岳，隋万年令、苍山公。	弘礼，中书侍郎、太府少卿。							
				弘文，驾部							

				郎中。							
				弘武，相高宗。	元亨，库部郎中、睦州刺史。						
					元裕、博州刺史。						
					元禧，台州刺史。						
					元祎，宣州刺史。						
					元咸，						

					安州都督。						
	俭字景则，西魏侍中、夏阳静侯。	文升。		昉，尚书右丞、工部尚书。							
		文休。	处嶷。	宝应，华州刺史、鸿胪卿。	维友，工部员外郎。	志先，户部郎中。	佚。	锽。			
								钺，侍御史。			
				宝琳。	仲敏，郴州刺史。						
			处相。			恂，左司郎中。					

		文异字文殊，隋刑部尚书、吴州总管、乐昌县侯。	安仁。	德立。		隐朝，郃阳令。	燕客，临汝令。	审。			
								宁，国子祭酒。	汝士字慕巢，刑部尚书、东川节度使。	知温字德之，荆南节度使。	开物字熙之，左拾遗。
										知远字明之，绛州刺	及善字元吉，西令。

	史。									
弘嘉。										
慕义。										
全庆，岳阳令。										
整字秉礼，凤翔从事。	知至字几之，户部侍郎。									
协字兴乐。										
恪。										
贻德字垂裕，										

永州刺史。											
赞禹字昭谟，左司郎中、集贤学士，生澄，字表微。	知退字先之，左散骑常侍。	虞卿字师皋京兆尹。									
赞图字光祐，司封员外郎，知制											

诰。											
绪。											
济。											
业。											
球字遐宝，度支宣歙院巡官，兼侍御史。	元孙字立之，颍州刺史。										
赞辞字彰史。											
甸字禹封，司勋员外	知权字正之，试协律										

郎。	郎。										
恂字庄已，常州刺史，生道冲。											
安期字乐全。	磻字后隐，水部郎中。										
	思方字立之，凤翔副使、检校吏部										

	郎中。										
孙延史，字昭文，端州刺史。	坛字坦之，右拾遗。										
承休字祐之，刑部员外郎。	堪字时之，太子少师。										
	思愿字又闻，韶州刺史。	汉公字用乂，天平军节度使、检校									

									户部尚书。	
									辉字景山。	沼。
									筹字本胜，监察御史。	寓。
									范字宪之，楚州刺史。	瑄字秀文，陕州节度判官。
										玢字表文，监察御

史。											
璪，玉城令。											
珂字成美，蒲令。	遛字昭业，泾州营田判官。										
延辉。											
承鳣。											
符字信之，侍御史。											
	知章字通微，检校金										

部郎中。									
篆字义彻。图，司勋郎中。									
筠字礼润，给事中。									
篴。									
簴字廷仪。									
管。									
希古字徵。尚之，	鲁士字宗尹，								

	尚书右丞。	长安令。									
岘字镇川，左拾遗。	仁赡字济之，秘书监。										
	峤。										
敬福字遐吉，同官令。	思实，忠武从事。										
郁字尧之，永和令。											
	崇鼎。										

										源嶓字纪川，兵部郎中。	雍字昭化，蓝田尉、直弘文馆。
				志立。	九思，鄜州刺史。	如权，瓜州刺史。					
						思齐，瀛州刺史。					
			虔逊。								
		文伟，隋安温二州刺史、安平	荣。	师，武州刺史。							

		公。									
				泰，驾部郎中。							
				恪，温令。	元表，国子司业。						
					元政，司勋郎中。	志玄，殿中侍御史。	成名。	凭字虚受，刑部侍郎、京兆尹。	浑之。	简。	途字遐至。
								凝字懋功，司封郎中。	后之字谦人。		
								凌。	敬之，	戴字赞	迢字文

									同州刺史。	业,江西观察使。	通。
											迈字嗣古,太仆少卿。
							成规。	邈。			
			士积。	缄,都官员外郎、将作少匠。	言成,商州刺史。						
					魏成,滁州刺史。						
			安,济州刺史。								

			纂，户部尚书、长平公。	守拙，考功郎中。			頔，职方郎中。				
				守讷，仓部郎中、汾州刺史。			普，金部郎中。				
				守愚，雍州长史。							
				守柔，邓州刺史。	只本，吏部郎中。						
					践本。						
				守挹，岐州刺史。	励本，蜀州别驾。						
	宽字蒙仁，周总管梁	文纪字温范，隋荆州	孝湛。	弘业，主客员外郎。							

	兴等州诸军事、宜阳元公。	总管、阳山恭公。									
			孝俨。	弘毅，洛州长史。	瑾。		鱣，大理司直。	成器，涪州刺史。			
					珪，辰州司户参军。	冠俗，奉先丞。	太清，单父尉。	于陵字达夫，左仆射弘农郡公。	景复，卫尉卿。		
									嗣复字继之，相文宗、武	损。	溥字无尤，生安贞字不忒，

安古字垂则。		宗。								
然字公隐。	授。									
	技字昭文。									
	拭字昭玉。									
	扮字谦光。									
	据字道叶。	绍复字绍之。								
	揆字知机。									
	拯字致									

										尧。	
									师复。	拙字藏用。	
				弘暕，工部员外郎。							
			孝怡，膳部郎中、太仆卿。	弘胄，水部郎中。							

杨氏宰相十一人。恭仁、执柔、师道、炎、国忠、再思、绾、收、涉、弘武、嗣复。

高氏出自姜姓，齐太公六世孙文公赤，生公子高，孙傒，为齐上卿，与管仲合诸侯有功，桓公命傒以王父字为氏，食采于卢，谥曰敬仲，世为上卿。敬仲生庄子虎，虎生倾子，倾子生宣子固，固生厚，厚生子丽，子丽生止，奔燕。十世孙量，为宋司城，后入楚。十世孙洪，后汉渤海太守，因居渤海蓨县。洪四世孙褒，字宣仁，太子太傅。褒孙承，字文休，国子祭酒、东莞太守。生延，字庆寿，汉中太守。延生纳，字孝才，魏尚书郎、东莞太守。纳生达，字式远，吏部郎中、江夏太守。四子：约、乂、隐、汉。隐，晋玄菟太守。生庆，北燕太子詹事、司空。三子：展、敬、泰。展，后魏黄门侍郎，三都大官。二子：说、颐。说，冀青二州中正、沧水康公。二子：祚、祐。祐字子集，光禄大夫、建康灵侯。二子：和璧、振。

和璧字僧寿，后魏中书博士、下博公。	颢字门贤，辅国将军、建康惠子。	德政，北齐左仆射、蓝田康公。	伯坚。	希杰。	敬言，吏部侍郎。	崇业。			
						子继。	宪。	盖，礼部郎中。	
								丘。	叔让，殿中侍御史。
							慈。		
						光复，天官郎	悆，职方员外		

						中。	郎。				
							宁。				
							宽。				
							密。				
							察。				
振。	石安。	志廉，都官员外郎。	正臣，襄州刺史。								
	表，后魏安德太守。	衡，隋万年令。	元道，汲令。								
			仲仁。		豫，刑部郎中。						
			季通，宗正少卿。								
			冯字季辅，相太宗、高	正业，中书舍人。							

			宗。								

泰，北燕吏部尚书、中书令。二子韬、湖。

湖，后魏宁西右将军。	谧，侍御史。	树生。	欢，北齐高祖神武皇帝。	廓字仁弘，齐安王。		玄景，沂州刺史。	元思，吏部郎中。				
			琛，赵郡王。	睿，袭赵郡王，裔孙正初。	正初，隋左金吾卫郎将。	翰，常州长史。	庄，左骁卫将军。	武光字叔良，晋州刺史、渤海县伯。	升，右司郎中。		
		翻字飞雀，后魏侍御	岳字洪略，北齐太保、	励年敬德，隋洮州刺	士宁。				昱。		

		中散、孝宣公。	清河昭武王。	史、乐安侯。							
					宗俭字士廉，相太宗。	文敏字履行，户部尚书、驸马都尉。	璇，循州司马，袭申公。	绍，考功郎中。			
								术，卫尉少卿。			
							瑾。	丕。	烛字时雍。		
								迁，祠部郎	子羽，右司郎	曙。	

								中。	中。		
										暄。	
										暖。	
									子平。		
						质行，主客郎中。					
						真行，左骁卫将军。	峤，司门郎中。				
							峻，殿中丞、蒲州长史。	迥，余杭令。	彪，著作佐郎、崇贤馆学士。	炅，侍御史、仓部员外郎。	

允恭。	集，太原少尹，兼御史中丞。										
少逸，工部尚书。											
元裕字景圭，初名允中，吏部尚书、渤海县男。											

											子璩字莹之，相懿宗。
											允诚生锡望，字叶中。𬀩字晕，殷字赞禹。殷生济字德昌，汶字鲁昌。
										熊，和州刺史。	

									象，魏州别驾。	重字文明，检校户部尚书、渤海县子。	元经，河南兵曹参军。
											德明，大理评事。
											光庭，右金吾、胄曹参军。
											由庚，华州参

											军。
											公衡，河中观察支使，生育，字全之。
							嵊，祠部郎中。				
						审行，户部侍郎。					
							峄，庐州刺				

							史。				
							仑,仓部郎中。				
							嵘。	惠恭,巴州刺史。			

京兆高氏,又有与北齐同祖,初居文安,后徙京兆。

卿,遂城令。	质,沧州长史。	伯祥,右拾遗。	郢字公楚,相德宗、顺宗。	定。							

晋陵高氏，本出吴丹杨太守高瑞。初居广陵，四世孙悝，徙秣陵，十三世孙子长。

子长，隋秘书学士。	智周，相高宗。										

高氏宰相四人。士廉、璩、郢、智周。

房氏出自祁姓，舜封尧子丹朱于房，朱生陵，以国为氏。陵三十五世孙钟，周昭王时食采灵寿。生沈，沈十二世孙汉常山太守雅，徙清河绎幕。十一世孙植，后汉司空。植八代孙谌，随慕容德南迁，因居济南。四子：裕、坦、邃、熙，号“四祖”。裕孙后魏冀州刺史法寿。孙翼，仕至镇远将军，袭壮武伯。二子：熊、豹。熊字子彪，本州主簿，生彦谦。

彦谦，司隶刺史。	玄龄字乔松，相太宗。	遗直，礼部尚书。					阶，大理司直。	鲁字咏归。	重字慕武功尉。	谓，大理评事。	从约。
											从绎。

											从绚。
											从绾。
		遗则。									
		遗爱，太府卿。			绛。	晦。	凝字玄俭，郢州刺史。				
						勋。	克让。	�篇字正封。			
								复。			
				沼，监察御史。							

河南房氏，晋初有房乾，本出清河，使北虏，留而不遣，虏俗谓“房”为“屋引”，因改为屋引氏。乾子孙随魏南迁，复为房氏，而河南犹有屋引氏，唐云麾将军、弘江府统军、渭源县公丰生，即其后也。

伦,后魏殿中尚书、武阳公。		谟,北齐侍中、吏部尚书。	广深。		德懋,兵部郎中。				由,度支郎中。		
			恭懿,隋海州刺史。	彦云。	玄基,仓部郎中。	元阳,水部郎中。					
						融,相武后。	琯字次律,相肃宗。	宗偃,御史中丞。			
								乘,秘书郎。	启,容管经略使。	越。	
								孺复,容州刺史。			

							璪，少府监。	履。			
								洁。			
								观，成都少尹。			
								兴。			
								奉若。			
								济，容管经略使。			
							璋。				
							瑜。				
						昶，中书侍					

						郎。					
					玄静，膳部郎中、清漳公。	肱。	岳。				
							峦，都水使者。				
							陟。				
							武，兴元少尹。	次卿字蜀客。			
							式，宣歙观察使。				
							岱。				

							密，谏议大夫。	署，光禄卿。			
							岩。	谌。	全庆。		
								说，右司郎中。	夷则。	千里字鹊举。	
							冈。				
							垂。	挺，常州刺史。	禋字庄己。		
		岩，周平阳公。		崱，朗州刺史。							

房氏宰相三人。玄龄、融、琯。

宇文氏出自匈奴南单于之裔。有葛乌兔为鲜卑君长，世袭大人，至普回，因猎得玉玺，自以为天授也，俗谓“天子”为“宇文”，因号宇文氏。或云神农氏为黄帝所灭，子孙遁居北方。鲜卑俗呼“草”为“俟汾”，以神农有尝草之功，因自号俟汾氏，其后音讹遂为宇文氏。普回子莫那自阴山徙居辽西，至后周追谥曰献侯。献侯生可地汗，号莫何单于，辟地西出玉门，东逾辽水。孙普拨，普拨生丘不勤，丘不勤生莫珪，莫珪生逊昵延，逊昵延生佚豆归，自称大单于，为慕容晃所灭。生六子：一曰拔拔陵陵，二曰拔拔瓌，三曰纥阇，四曰目原，五曰纥阇俟直，六曰目陈。拔拔陵陵号阿若谚，仕后魏都牧主、开府仪同三司、安定忠侯，以豪杰徙居代州武川。生系，位至内阿干。二子：韬、阿头。韬三子：肱、颢、泰。泰，后周太祖文皇帝。阿头生仲，赠大司徒、虞公。生兴，袭虞公，生洛。

洛，隋介公。	裕。	延。	离惑。			庭立，并袭介公。					
							邈，御史中丞。	鼎字周重。	献字昌言。		

								瓒字礼用。			

目原孙跋，后魏羽真尚书、居庸侯。生直力勤，比部尚书。直力勤生贤。

贤字大雅，定州刺史。	玮字法珍，后周宕州刺史、寿张公。	弢字公辅，隋礼部尚书、平昌县公。	俭，九陇令。	节字大礼，相高宗。	峤，莱州长史。	融，相玄宗。	宽。				
							宁。				
							审字审，永州刺史。	炫，刑部郎中。			
							宣。				
			瑗。								

			绍，水部员外郎。								

又有费也头氏，臣属鲜卑佚豆归，后从其主亦称宇文氏。仕后魏，世为沃野镇军主，玄孙盛。

盛，孙周柱国、濮阳令。	归。	定及，德州刺史。	规，光禄少卿。	颙。	实，好畤令。						
					宿，均州刺史。						
	述，隋左翊卫大将军。										
		化及，隋太仆卿。									
		士及，相高	某，封城县								

		祖。	公。								
	静。	福及。		全志，左司员外郎。							
					顺，虞部员外郎。	寰。	巘。				
							屺。				

宇文氏宰相三人。士及、节、融。

唐书卷七二上
表第一二上

宰相世系二上

长孙氏出自拓拔郁律。生二子：长曰沙莫雄，次曰什翼犍，什翼犍即后魏道武皇帝祖也。后魏法，七分其国人，以兄弟分统之。沙莫雄为南部大人，后改名仁，号为拓拔氏。生嵩，太尉、柱国大将军、北平宣王。道武以嵩宗室之长，改为长孙氏。至孝文，以献帝长兄为纥骨氏，次兄普氏为周氏，又次兄为达奚氏，又次兄为伊娄氏，改为娄氏，又次兄敦丘氏为丘氏，次兄俟氏为万俟氏，叔父之后乙旃氏为叔孙氏，疏属车焜氏改为车氏，是为十姓。太和中，诏自代北而徙者皆为河南洛阳人。嵩三子：泰、同、敦。泰，征南将军、都督中外诸军事。生黄门侍郎、大将军延年。延年生陕州刺史、鄫国公俭，俭生相州刺史、昌宁公平。二子：道生、道开。道生：太尉、上党靖王。三子：旃、太一、德一。旃，司空、上党康王，生观。观，司徒、上党定王，生稚、澄。稚字幼卿，西魏尚书令、太师、上党文宣王。二子：子裕、子彦。子裕，右武卫将军、平原公。二子：绍远、兕。

绍远字师西魏大司空、河中献公。	览字休因，后周大司徒、薛公。	洪，普州刺史。									
		宽。	昭，郢州刺史。	仲宣。		铸，仓部员外郎。					
				庶几。	勗，西河太守。						
		龛，房州刺史。			子哲，信安太守。						
		操，金部郎中、乐寿安	宪，屯田员外郎。								

		男。									
			谊，睦州刺史。	永，屯田员外郎。							
			鉴。			汤。					
			诠，尚衣奉御、驸马都尉。								
兕，后周绛州刺史、平原公。	敞，宗正少卿、平原安男。	无虑，右监门将军。									
	炽，隋户部尚书、饶阳公。	安世。	祥，刑部尚书		孝纪，左司员外郎。						
	晟字季晟，隋淮阳太	无乃，左监门卫将军、									

	守、齐献公。	清都郡公。									
		无傲，昌宁郡公。									
		无宪，兵部尚书、薛国公。									
			安业，右监门将军。								
		无忌字辅几，相太宗、高宗。	冲，秘书监、驸马都尉。	延，通事舍人。	元翼，宣州刺史。	训，宁州刺史、陈留县公。	钊，福昌尉。	守贞，鸿胪卿。	全绪，宁州刺史。	燧，泾原营田判官、试太子通事舍人。	绍先。

恭先。											
孝先。											
稚先。											
凝，刑部尚书。	慥，邠州刺史。										
迈，隰川主簿。											
			守英。								
			守廉。								
					节。						
					操。						
						元冀。					
						元遐。					

				绚。							
				顼。							
			涣，鸿胪少卿、上党郡公。	诩。							
			浚，常州刺史、安康伯。	嘉平，幽州司兵参军。	琮。						
					环。						
					琦。						
			淹，长水令、安城县公。								
			温，尚衣直长。								

			濬，太子洗马。								
			净，尚衣奉御。	崇宗。							
				崇一。							
				崇信。							
				崇质。							
				质贤。							
				崇顺。							
			溆，成州刺史。	璜。							
				琏。							
				珪。							
				球。							
			港，襄州刺								

								史。			
								津,尚衣奉御。			
							玮。	泽,左千牛卫长史			
							琮。				
							琬。				
							珩。				
							瑛。				
								润,太常少卿、金城县子。			
									无逸,云麾将军、郧县公。		

	义庄，邢州刺史。										

长孙氏宰相一人。无忌。

杜氏出自祁姓，帝尧裔孙刘累之后。在周为唐杜氏，成王灭唐，以封弟叔虞，改封唐氏子孙于杜城，京兆杜陵县是也。杜伯入为宣王大夫，无罪被杀，子孙分适诸侯之国，居杜城者为杜氏。在鲁有杜泄，避季平子之难，奔于楚，生大夫绰。绰生段，段生赫，赫为秦大将军，食采于南阳衍邑，世称为“杜衍”。赫少子秉，上党太守，生南阳太守札。札生周，御史大夫，以豪族徙茂陵。三子：延寿、延考、延年。延年字幼公，御史大夫、建平敬侯。六子：缓、继、他、绍、绪、熊。熊字少卿，荆州刺史，生后汉谏议大夫穰，字子饶。二子：敦、笃。敦字仲信，西河太守，生邦，字召伯，中散大夫。三子：宾、宏、繁。宾字叔达，举有道不就。二子：翕、崇。崇字伯括，司空掾，生畿。畿字伯侯，魏河东太守、丰乐戴侯。三子：恕、理、宽。恕字伯务，弘农太守、幽州刺史。生预，字元凯，晋荆州刺史、征南大将军、当阳侯。四子：锡、跻、耽、尹。锡字世嘏，为尚书左丞。曾孙悊。二子：楚、秀。秀二子：果、皎。皎生徽，徽字晔，隋怀州长史、丰乡侯。生吒、淹。

吒，隋昌州司马。	如晦字克明，相太	构，慈州刺史。									

	宗。										
		荷，驸马都尉、襄阳公。									
	楚客，工部尚书。										
淹字执礼，相太宗。	敬爱。										
	敬同，中书舍人、东阳公	从则，工部侍郎。	自远。	繁。	佐，大理正。	元颖，相穆宗。		审礼，京兆少尹。			
								敏求字千之。			
								延雍字道光。			

	光义字启之。	让能字群懿，相昭宗。	审权字殷衡，相宣宗、懿宗。		元绛，太子宾客。						
	晓字明远，膳部郎中、翰林学士。										
		彦林字宁臣，中书舍人。									

									弘徽字范华，吏部尚书。		
									用砺字岩臣。		
					蔚字日彰。						
			昌远。	倚，左卫将军。							
			志远。	俾，易州刺史。							
				儋。							
	爱同，易州刺史。										

京兆杜氏：汉建平侯延年二十世孙文、瑶，与义兴公杲同房。

瑶，隋复州刺史。	玄道，左千牛。	含章，定州司法参军。	绎，秀容令。	孟寅，侍御史。							
				亚字少公，检校礼部尚书。							
				麟，河南士曹参军。							
				平，太子舍人。							
			绾，京兆府司录参军。	黄裳字遵素，相宪宗。	胜字斌卿，天平节度使。	庭坚字辅尧，卫州刺史。					

					载。						
				黄中，峡州刺史。							

襄阳杜氏出自当阳侯预少子尹，字世甫，晋弘农太守。二子：绯、弼。绯字弘固，奉朝请。生袭，字祖嗣，上洛太守。袭生摽，摽字文湛，中书侍郎、池阳侯。生冲，字方进，中书侍郎，袭池阳侯。生洪泰，字道廓，南徐州刺史，袭池阳侯。二子：祖悦、颙。

颙字思颜，后周雍州刺史、安平公。	景仲，鄜州刺史、广阳公	整。	孝彝。			惟慎，监察御史。					
			孝奖，抚州刺史。								
			孝弁。	元琰，左金吾将军。							

	景秀，后周渭州刺史、思宁公。	懿，隋殿内监、甘棠公。	乾播。	崇胤，成州刺史。	正义。	望之，溱州刺史。	正心。	齐之。	南升，京兆功曹参军。		
									南荣，长安主簿。		
			乾祐。	续，主客郎中。	知让，明堂令。	虑。	随，果州刺史。				
						惠，高陵令。	济字应物，给事中、京兆尹。	匡。			

								陟。			
								缉。			
								宁。			
								杨。			
					知谦，邢州刺史。						
			乾祚。			操，殿中侍御史。	隒。				
		逊，柏仁令。	淹，本县中正。	行敏，益州长史、南阳襄公。	崇宪，益州司仓参军。						
					崇壳，宫尹丞、右司员外	希奭，右千牛。					

					郎、丽正殿学士。						
						希望，河西陇右节度使、太仆卿、襄阳县男。	信，太子宾客。				
							位，考功郎中、湖州刺史。	液。			
							佋，詹	尚。			

事司直、金城丞。		
	参。	
任，河南府兵曹参军。		
儒字巨卿，武进主簿。		
佑字君卿，相德、顺、宪三	师损，工部郎中、司农少	诠字诠夫，复州司马。

							宗。	卿。			
									愉。	承昭字子昌。	
									羔，延陵令，避乱徙黄岩。	宗之，夏州司法参军。	洵字诚之，河中府功曹参军。生鹗字遐举，秘书监。二子：光逊、光远。
								式方字恽，富			

								考元，桂管观察使。	平尉。		
									惪，兴平尉。		
									悰字永裕，相武宗、懿宗。	裔休字徽之。	
										述休。	
										孺休字休之。	
									恂。		
									慆，泗州刺		

		史。									
	承泽字浚之。	牧字牧之，中书舍人。	从郁，驾部员外郎。								
	晦辞字行之，左补阙。										
遵。	德祥字应之，礼部侍郎。										
沦字正猷。	无逸。	颢字胜之，淮									

									南节度判官。		
											潾字文辉。
							供，洪州长史。				
							巨卿，兼侍御史。				
				行毓，郊社令。							
				行则，游击将军。							
	景恭，廓州德裕，幽州敬则，邛州元同，万年彦先，率										

	刺史、康城公。	刺史、殿中少监、安众公。	司马。	尉。	更令。						
				元志，考功郎中、杭州刺史。	逢时。	伯卿。					
					玮，殿中侍御史。	继。					
						信字立言，刑部员外郎、杭州刺史。	师古，怀州参军。				
							承庆。				

							裘庆。				
						礼。					
						佐。					
						梅。					
					孝辅，大理寺丞。	虔，大理司直。					
						兴。					
						贤。					
						应。					
						鸾。					
						清，检校员外郎。	师古，吉州刺史。	湘。			
								翔字择			

								木。			
							义符，初名师义。				
							师礼。	翦字文垂。			
					参谟，陕州司仓参军。	寅，京兆法曹参军。					
						伦，水部郎中、澧州刺史。					

					峤，监察御史。						
				元振。	谅。						
					诚。						

洹水杜氏出自戴侯恕少子宽，字务叔，孝廉郎中。曾孙曼，仕石赵，从事中郎、河东太守。初居邺，葬父洹水，后亦徙居洹水。五世孙君赐，君赐生景、宣明。景生子裕。

子裕字庆延，隋乐陵令。	正玄字知礼，豫章王记室。										
	正藏字为善，隋行军长史。	志静，出继叔正伦，安福令、嗣襄阳公。	侨，怀州长史。	咸，凉州都督。							

				损，大理少卿。	存，左赞善大夫。	占。				
					介。					
					廙，郑州录事参军，死安禄山难。	曾，左金吾兵曹参军。				
						冀，太学博士。				
						兼字处弘，河南尹。	柔立，天长主簿。			
							词立，寿州参			

							军。				
							谊立，顺宗挽郎。				
					戮。	羔，刑部郎中。	中立，义武节度使。				
							思立。				
正伦，相高宗。											
正仪。											
正德。											

濮阳杜氏出自赫子威，世居濮阳，裔孙模，后魏濮阳太守，因家焉。模生亮。

亮，后魏陈留太守。	伽，北齐胶州刺史、竟陵公。	保，隋雁门太守。	义博。	仁端。	元揆，天官员外郎。	希晏，太子洗马。	华。					
							万，检校郎中。					
			义宽，滕王府谘议、苏州司马。	无忝。	兼爱。	祐。	殷，同官令。	陟字子迁。				
					兼拯。		顺休，兼殿中侍御史。					

						镇,起居郎。					
				慎行,荆益二州长史、建平侯。	鹏举,安州都督。	灵瑗,太康主簿。					
						凤举。					
						鸿渐字之巽,相代宗。	收,户部郎中。	翁庆。			
							威。				
							封。				
							鼎,丹王府长史。				

				承志，天官员外郎。	暹，相玄宗。	孝友，殿中监。	延寿，武进尉。				
							孝孙。				
							孝恭，殿中侍御史。				
						昱，给事中。					

杜氏宰相十一人。如晦、淹、元颖、审权、让能、黄裳、佑、悰、正伦、鸿渐、暹。

李氏武阳房出自兴圣皇帝第七子豫，其后为武阳房。

豫字士宁，东晋西海太守。		琰之字景珍，后魏兼侍中、文简	刚，宜州刺史。	充节，隋朔州刺史、武阳公。	大通。	道裕。					

		公。									
					大辩。	直瓘，德州刺史。					
					大亮，右卫大将军、武阳懿公。	守一，库部员外郎。		如璧，监察御史。			
				充信。			法静，商州刺史。				
				充颖，后周滑州刺史、流江郡公。	义本，宣州刺史。	迥秀字茂实，相武后。	俊，黄州刺史。				
					玄明，济州刺史、						

					成纪县公。						
					敬本，豫州刺史。	琎，恒州刺史。					
					思本。	崇敏，司勋郎中。					
			慧。	充弼。	嘉，苏州刺史。	虔绪，洺州刺史。					
						虔绎，兵部尚书。					
					文楷，殿中少监。						

姑臧大房出自兴圣皇帝第八子翻，字士举，东晋祁连、酒泉、晋昌太守。三子：宝、怀达、抗。抗，东莱太守。生思穆，字叔仁，后魏营州刺史、乐平宣惠伯。生奖，字道休，北齐魏尹、广平侯。生瓌，黄门郎。生斌，散骑侍郎，袭乐平伯。宝七子：承、茂、辅、佐、公业、冲、仁宗。承号姑臧房。

承字伯业，后魏荥阳太守、姑臧穆侯。	韶字元伯，定州刺史，袭姑臧文恭侯。	玙字道璠，北齐前将军、安城县伯。			尚德，都官员外郎。	士詹。			
								季回，忠州刺史。	
							慎机。	幼清。	
						元恪，冀州刺史。			
						众甫，	引。		

						朗州刺史。					
		瑾字道瑜，后魏通直散骑侍郎、文恭侯。	茜之字曼容，北齐尚书考功郎中。	元俭。		义俦。					
						义珙。					
						义璋。	绍，郓州刺史。				
							整。		震，起居郎。	晊。	
									晋，汝州刺史。		

						义瑛。	弼。				
							颖，兵部郎中。				
							咸，工部郎中。				
							巢。				
						义琛，工部侍郎。	绾，吏部郎中。	先，婺州刺史。			
								惟。	长，通州刺史。		
							亘一。	琼，普			

								州刺史。			
							辿，考功郎中。				
							泰，水部郎中。	宾喜。			
							准。				
				武卿。	玄德，廮陶令。	义琰，相高宗。	起。	询甫，主客员外郎。			
						义瓘。			敷，同州刺史。		
						义琎。	融。	稹，河			

		耿。	沆。			
内太守。	回，工部员外郎。	赐，都官员外郎。		元澄，泉州刺史。		
	恒，殿中侍御史。				昭，一作照。	
						行之字义夷道。

			通，隋唐州下溠郡太守、固始县男。								
				玄道，秦府学士、常州刺史。	正基，太子舍人。	亶字景信，给事中。	成裕，秘书监。	揆字端卿，相肃宗。	兴公，侍御史。		
									佐公，河中少尹。	元陟，畿尉。	归鲁，兼殿中侍御史。
										元宾，右卫兵曹参军。	绚，长寿令。

归文，沧州节度判官。	元易，盐城令。										
检，河南少尹。	元赟，太仆卿。										
冉，右司郎中。											
俭。											
渐，补阙。											
岫，殿中侍御	元夔，宗正少	次公，殿中侍									

									御史。	卿。	史。
										元周，王屋令。	
									幼公，杭州刺史。	元裔，奉天令。	愔。
											汾。
								衡。			
								均。	随，秘书监。	正范，库部郎中。	枢。
								崧。	上公，秘书监。	景素，太子庶子。	蔚字茂林，相僖宗。

蔚三子：渥，礼部侍郎；洵，福建观察使；说字殷泽。											
绾字权化。											
骞字图南。											
昜。	景回，国子司业。										

										申。	绘字德彰。
										弘甫，宗正卿，泾原节度使。	滉字巨川，池州刺史。
								皆，司封员外郎。	震，泉州刺史。		
								成绩，虞部郎中。			
								虬。	益，秘书少	当，刑部尚	藻，尚书右丞。

	书。	监。									
拯字昌时。											
	敞。										
	崇。										
	奕。			成式，淮南道采访使。							
			荣，润州司功参军。	成性，太子右赞善大夫。	亨字嘉会，淄州刺史。						
			挺，监								

								察御史。			
								庆，越州参军。			
							成毅，文学。	表。			
							成纪。				
					云将，尚书右丞。	晏。	颜。	归期。	逢吉字虚舟，相宪宗。		
						绛，滑州刺史。					

						缮。					
						缔，谏议大夫。					
						维。					
							仲华，库部郎中。				
			疑之字惠坚，光州中从事。	君志。							
				君范。	孝深。						
							询轨。	涓，商州刺史。			

								涉，美原令。			
				君彻。		元珍。	构，泉州刺史。				
				君可。							
				君异。	稚川，仓部员外郎。	夔。	嚞。	隼，监察御史。			
						思言。	实。				
						惇。	光庭。				
				君德。							
				君平，冀州刺史。					颛，苏州录事。		

								侣，袁州刺史。			
		瓒字道璋，后魏司徒参军事。	修年，大将军开府士曹参军事。			玄表，库部郎中。	思诲，颍州司马。	炅。			
								献。			
								强。			
					俊。			昕，司门员外郎。	翥。		
									聪，洋州刺史。		
	彦字次仲，	燮字德谐，	士万，高都			大寿，	杰。		剬。		

	后魏秦州刺史，谥曰孝贞。	司徒主簿。	太守。			袁州参军。					
		爽字德明。	元相。				乾升，秦府户曹参军。	岑，水部郎中、眉州刺史。	舟字公受，虔州刺史、陇西县男。		
									丹，豪州刺史。		
								峯，开州刺史。	巨，司勋员外郎。	权实字子重。	

									博。		
			伏陁。			崇基，尚书左丞、权御史大夫。	景融。	康时。			
							景昌。	操。			
	虔字叔恭，后魏骠骑大将军、高平宣景男。	唤字仁明，尚书左外兵部。	裒，章武郡守。		德基，亳州法曹参军。	思文，同官丞。	况。				
							防，右卫长史，一作昉。		玄就，右神武军参军事。		

		玄成，试太常寺协律郎。									
		玄度。									
		玄爽。									
			洌。								
			凝。								
			洁。								
			凉。								
			恁。								
		玄奭。	众字师，湖南团练观察使、								

								左散骑常侍。			
		皓字仁昭，后魏散骑侍郎。	士操，北齐仪同开府参军事。				升期，给事中。	何，汜水令。			
								儋，殿中侍御史。			
		晓字仁略，北齐广武东郡太守。	超字仲举，隋冀州清江令。	大师字君威，渤海郡主簿。	庆孙。						
					正礼。	元瓒。					
					利王。	元道。					
							位，房州刺				

							史。				
							绲，殿中侍御史。				
						元德。	光远。	构。			
					延寿，符玺郎。						
					安世。						
				行师，邛州刺史、虞部员外郎。	玄运。	元暾，济州刺史。	推。				
							揁。	鋋。			
					玄乂，润州刺史。	上义，右庶子、扬					

						州长史。					
						叔仪。	庭言，楚州刺史。	恭懿。	荣实。		
									休。	弘式。	龟图字玄锡。
					玄约。			镕，陵、嘉二州刺史。			
					玄挺，相州刺史。	尚虚。					
						尚词，申州刺史。	侠。				
							钦回。				

							中庸。				
							昭。	瓒。			
							践中，临汝太守。				
			季远。								
	蕤字延宾，后魏司农少卿。				仁璹，衡州刺史。						

丹杨房：晋东莞太守雍长子曰伦，五世孙文度，西凉安定太守，与族人宝入后魏，因居京兆山北。

文度。		权，后魏河秦二州刺史、杜县	崇义，后周雍州大中正、广和复	诠，随赵郡太守、临汾襄公。	药王。	修志。	元慎，洛州刺史。				

		公。	硖殷五州刺史，永康县公。								
						修行，汝州刺史。					
					靖字药师，相太宗。	德謇，太府少卿。					
						德奖。			浚，嘉州刺史。		
									湜。		
									汗。		
									沅，兼		

									殿中侍御史。		
					客师，左领军大将军、幽州都督、丹杨公。	嘉字大善，隰川令，袭公。	守节，光化令。				
							思孝，夏州都督。				
						大惠。		炅。	铁，仪州刺史。		
									琛。	正封字中护，	

										监察御史。	
						大志，右金吾将军。	令哲，会州刺史。				
							令问，殿中监、宋公。				
					正明，右卫将军。	志览。	庆远。				
						志贞。					
				伟节，隋司隶州刺史。	乾祐，刑部尚书。	昭德，相武后。	元纮。				

						余福，监察御史。					

汉骑都尉陵降匈奴，裔孙归魏，见于丙殿，赐氏曰丙。后周有信州总管龙居县公明，明生粲，唐左监门大将军、应国公，高祖与之有旧，以避世祖名，赐姓李氏。

粲。	宽，奉常正卿、陇西公。	道广字太丘，相武后。	元综，屯田郎中、荆府长史。	舒，工部郎中。	莒。						
			元绎，都水使者。								
			元纮字大纲，相玄宗。	有季。							

				有容。							
				有功。							
			元缄，郓州刺史。								
	旻，纪王府参军。	承业，绛州刺史。									
		承嘉，御史大夫、襄武郡公。	希逸，左率府兵曹参军。								
			希遂，泾州司马。								
			希远，同州司兵参军。								

陇西李氏，后徙京兆。

嵩，岷州刺史。	思恭，洮州刺史。	钦，左金吾卫大将军。	晟字良器，相德宗。	愿，河中节度使。							
				聪，光禄寺主簿。							
				总，太子中允。							
				愬，左神武军大将军。							
				憓，右威卫大将军。							
				恕，光禄卿。							
				宪，岭南节							

				度使。							
				愬，检校左仆射、同平章事。							
				懿，渭南尉。							
				听字正思，检校司徒、凉国公。	琢，左神武将军。						
					璋，太常寺太祝。						
					瑾。						
					璩，侍御史内供奉。						

					琭,左千牛卫将军。						
					琼,福昌尉。						
					琟,光王府参军。						
				惎,右羽林军将军。							
				慇,岚州刺史。							

陇西李氏定著四房:其一曰武阳,二曰姑臧,三曰敦煌,四曰丹杨。宰相十人。武阳房有迥秀;姑臧大房有义琰、蔚、揆、逢吉;丹阳房有靖、昭德;又有道广、元纮、晟。

赵郡李氏，出自秦司徒昙次子玑，字伯衡，秦太傅。三子：云、牧、齐。牧为赵相，封武安君，始居赵郡。赵纳顿弱之间，杀牧。齐为中山相，亦家焉，即中山始祖也。牧三子：汨、弘、鲜。汨，秦中大夫、詹事，生谅、左车、仲车。左车，赵广武君，生常伯、遐。遐字伯友，汉涿郡守，生岳、德、文、班。岳字长卿，谏议大夫，生秉、义。秉字世范，颍川太守，因徙家焉。生翼、协、敏。敏，五大夫将军，生谟、道、朗。谟字道谋，临淮太守，生哆、华、旭。哆字子让，上党太守，生护、元。护字鸿默，酒泉太守，生武、昭、奋。武字昭先，东郡太守、太常卿，生赞、修、弈、就。修字伯游，后汉太尉，生谅、叔、训、季。谅字世益，赵国相。生膺，字元礼，河南尹。生瓌、瓒，瑾。瑾字叔瑜，东平相，避难复居赵，生志、恢、宣。恢字叔兴，生定、台、奖、硕。定字文义，魏水衡都尉、渔阳太守，生伯括、机、叔括、季括。机字仲括，太学博士、临江乐安二郡太守，生群、瓌、密、楷、越。楷字雄方，晋司农丞、治书侍御史，避赵王伦之难，徙居常山。五子：辑、晃、芬、劲、睿。睿子勗，兄弟居巷东；劲子盛，兄弟居巷西。故睿为东祖，芬与弟劲共称西祖，辑与弟晃共称南祖。自楷徙居平棘南，通号平棘李氏。辑字护宗，高密太守，子慎敦，居柏仁，子孙甚微，与晃南徙故垒，故辑、晃皆称南祖。晃字仲黄，镇南府长史。生羲，字敬仲，燕司空长史。生吉，字彦同，东宫舍人。生聪，字小时，尚书郎。二子真、融。

真字令才，中书侍郎。	绍字嗣宗，殷州别驾。	义深，北齐行梁州刺史。	陶骖，隋绛州长史。	政藻，宜州长史。	叔慎，刑部侍郎。	懋道，左司郎中。					

						游道，相武后。	景宣，台州刺史。	球。			
						谐道。	景祐，婺州刺史。				
				政起。	行冲，驾部员外郎。						
					行敦，离狐主簿。	怀一，晋阳尉。	雍门，湖城令。	湜。	埙，三原令。		
								澥字坚冰，刑部郎中。	腾，隰州刺史。		

								阳冰，将作少监。	服之。		
				政期，水部郎。	素立，蒲州刺史、鄠令。高邑平侯。	休烈，	鹏字至远，壁州刺史。	畬字玉田，考功郎中。	承，山南东道节度使。	潘。	
									晔。		
								翥，左卫录事参军。			
								载，河阳令。			
							升远，水部员	雄飞。	矩。		

外郎。		
		封，左补阙。
从远，黄门侍郎、赵郡懿公。	岩，兵部侍郎、赞皇县伯。	则，河南少尹。
		范。
		威。
		盛。
	常，同安郡别驾。	
	甲，恒	

			王友。								
欢，河南功曹参军。	固言字仲枢，相文宗。	岘，庐江令。	井，扬州左司马。	希远，晋阳尉。							
悦，一字出身。											
	将顺，袁州刺史。	规，寿州刺史。									
		觐。									
		觌。									
		观。									
			美。	昌远。							

						素诚。					
融，后魏中书侍郎。		兰集。			公昌，给事中。		令庄。				

羲之后有万安，自赵郡徙于管城。

万安，邹平郡丞。	顼。	日知，相玄宗。	雍尹，太原府司录参军。	玄之，洪洞令。	彬，新野尉。						
					彤，吏部尚书。						
					彩，太康尉。						
					彣。						
					彧。						

		伊衡。									

南祖之后有善权，后魏谯郡太守，徙居谯。生延观，徐梁二州刺史，生续。

续，马头太守。	显达，隋颍州刺史。	迁，德州刺史。	孝卿，谷州治中。	敬玄，相高宗。	思冲，工部侍郎。						
					守一，成都郫令。	晤，金坛令。	绅字公垂，相武宗。	开，水部员外郎。	无逸，算曹博士。	复圭。	肱。
								乾祐，建州刺史。	羔，容管经略判官。	昊。	孝连。
						晦。					
				忱字敬一。	惠子。	希言，礼部侍	纵，金州刺史。				

						郎。					
							纾字仲脩。舒,吏部侍郎。		宽中字子量。	绰字肩孟。	
										昌谋字慎机。	
				元素相武后。	志德,陇州刺史。	构。					

东祖睿,字幼黄,高平太守、江陵宁公。生皛,字景贤,顿丘太守、大中正。生颐,字彦祖,高阳太守、武安公。四子:緦、系、奉、曾。

緦字少同,兰陵太守。	灵字虎符后魏洛州	恢字祚,定州刺史、钜	悦祖,中山太守、高邑	瑾字伯瑜,大司农卿、	子服,阳翟太守。	伏惠,主簿。	世起,深州司	承真,庐州司			

	刺史、钜鹿简公。	鹿贞公。	伯。	文公。			兵参军。	兵参军。			
								挺秀。			
					敬叔，后周聘陈使、义阳太守。	君昂，济阳长。	仁方，洛阳尉。	玄乂。			
								玄本。			
							仁则。				
							仁表。				
						君素。					
						君节。					
					子智，晋陵太守。	孝俨。	文干，冀州司法参	仙务。			

							军。				
								仙干。			
			华，后魏中山太守。	敬义，散骑常侍。	仲通，杨平太守。	孝端，隋获嘉丞。	知本，夏津令。	慜，富平尉。	处玄，枣强令。		
								恕，襄阳令。	锡，长洲丞。	允宗。	
										道宗。	
									铉，曲阿尉。		
									钧，蜀州刺史。	怦。	
									锐。		
									铨，经		

			孙闲，检校郎中。					
仙寿。	悌。	西升。	南荣。	融。	涣。	同悦。		
	处冲，栎阳令。		处直，给事中。		处实。	处厚。	玩。	城尉。
						愁，度支郎中。		

	明道。	处恭。									
	言道。										
	勤道。										
	谋道。										
		处虚，方城尉。									
	胡。	瑱，扬州长史。	思，莱州长史。								
	册。	琡，襄邑丞。									
	艮。										
	韶，太子通事										

										舍人。	
									珂，泽州刺史。	涉。	
										择。	
										漪。	
										澜。	
										汪。	
										从。	
										徵。	
										观，监察御史。	
									理，西平令。	芳，无锡尉。	

	漫，武昌尉。										
	滔。	璞，九陇尉。									
		璥，曹州参军。									
	光辅。	晅，隰州刺史。	慈，栎阳丞。	知隐，伊阙尉。							
	光弼。										
	光复。	旭，云阳主簿。									
	光宰。										

								亮，明堂尉。	颙，给事中。	宗，郑州参军。	
										宁，泾州参军。	
										宷，江州刺史。	
										安石。	
								志，沂州刺史。	全璧，洋州刺史。	载。	
										衡。	
										嘉。	

									全昌，光禄少卿。	登，懿德太子庙丞。	
										寰。	
										同复，潞城令。	
									全交，忠州司马。		
						孝彻。	知约，偃师尉。			审度，左补阙。	谅。
											诞。
					延世，赵	子真。	长卿。	玄操。			

					郡太守。						
								玄乂。			
							乔卿。				
						子远，骑兵将军。	君信。	素臣，曲阿尉。			
							君寿，安州司功参军。	思恭。			
							君武，蔚州司马。	无思。			
								处静。			
								仙童。			

								思贞。			
								崇宪。			
		综，行河间郡。	遵字良轨，后魏度支郎中，谥曰简。	浑字季初，北齐海州刺史、泾阳县男。	汪字处季，广宗令。	国宝。					
						世宝，河南郡东曹掾。	友益，中书侍郎。	元恭，初名豫，工部郎中。			
								元休。			
								元甫。			
								元俭，潞州司功参军。			

								承仙。			
							智积，海陵令。	元嗣。			
								元符。			
						人宝，真定令。	损之，洛州总管府典签。	守礼。			
								依礼。			
								元贞。			
				绘字敬文，北齐博陵太守，谥曰景。	君章，雍丘令。	师表，黄安令。	挺立，梓州司马。	承家。			

								承亮。			
				纬字乾经，北齐太子家令，谥曰文。	立言。	纳义，考城令。	常。				
	均字善德，后魏赵郡太守。	璪字世显，恒山太守、始丰懿侯。	元茂，徐州刺史，袭始丰顺侯。	子云字凤升，钜鹿太守。	道宗，直阁将军、驸马都尉。	山寿，北齐兵部郎中。	仁则。				
							文尚，华州司功参军。	玄奖。			
								玄福。			
							仁赡，	玄祐，			

							梁州长史。	瀛州司户参军。			
								玄恩。	察，少府监。	光之。	
									实。		
							全寿，监察御史。	元楷，慈丘令。			
								元规。			
								元轨。			
								元谨。			
			宣茂，后魏幽州刺史，谥曰惠。	籍之字修远，司徒谘议参军。	彻，北齐济州长史、迎劳使。	纯，隋介州刺史。	德饶字世文，司隶从	高行，曹州刺	延庆。	元玚。	

			史。	事。		使、尚书右丞。					
铉。	元琰，嘉兴令。										
	元瑜。										
镐。	道长。	福庆，襄城主簿。	高节，泉尉。								
钧。											
镀。											
	元瑾，衡阳尉。										
王戎。	嵩。										

											王乔。
											王烈。
											王粲。
									思义。		
									思敬。		
							德范，魏令。	弄璋。	思安。		
									思玄。		
								启期。			
								楚人。			
								启方。			
								玄昶。			
							德绍，陵水令。	延年。			

								高亮。			
							德矩，许州司功参军。	玄威。			
								玄乂。			
								玄静。			
							德昱，洛阳令。	玄同，度支员外郎。	玩，给事中。	迪。	咏。
											讽。
											讯。
											诤。
											谏。
										述。	岗，恒

											山府司马。
										逵，巩令。	议。
											老。
										逖，猗氏尉。	计。
											识。
											守义。
											守物。
										回	
									恁，湖州司马。	延喜，潭州司户参军。	

										逢。	遥。
											建。
											违，婺州司户参军。
											进。
										憨，博州司功参军。	
						公绪字穆叔，后魏冀州司马，弃官，赐	少连，邵州司户参军。	守冲。			

						号潜居公。					
								守玄。			
								守沈。	公召，亳州司户参军。		
								守素，秦王府学士、天策仓曹参军。	乾愈，上洛令。	仲宣，德州刺史。	晖。
											辨，巴州刺

											史。
								延祖。	仲将。	映,宛丘令。	
					逖,越州功曹参军。	贤。					
						庄生。					
					概字季节,北齐并州功曹参军。	山图。					
				志之,郢州刺史。	琎,青州刺史。	公节,上蔡主簿。	行诩,将仕郎。	元庆,昭陵令。			
							行礼。				

							行纯。				
							行指。				
					季玙。						
					季略。						
				粹之，步兵校尉。	士高，征虏将军。	公俊。	辅仁，箕州司法参军。				
						公嗣。	辅义，单父令。				
							辅智，九陇主簿。				
					士仪。						

					士章。						
					士政。						
					士达。						
			叔胤，南郡太守。	弼，魏郡太守。	士瑜，赵郡功曹。	孝慈。	德源，丹川尉。	仪王。			
								仪道。			
							德逸。				
					士璜。						
					士瓘，赵郡功曹。	祖忽。					
						仲忽。	师信。	神景，虔州司法参军。	楚珪，象州司法参军。	芫金，安德丞。	咏。

									楚璋。		
									楚璧。		
									楚筠。		
								神懿。			
				翼，定州刺史。	幼达，德广郡太守。	积善，本州主簿。	玄恭。				
						昭善。					
						万善。					
			仲胤，光州刺史。	敦，散骑常侍。	述，瀛州铠曹。	善庆，汴州总管府长史。	行充，阳翟令。				
							全节，唐州司	奉兑。			

							马。				
						仁元,虔州刺史。					
						善昌。	玄纪。				
							玄明，潭州司仓参军。				
					固，本州主簿。	多能。	客师，富水令。				
								湛然，屯田郎中。			

系字和叔，后魏平棘令，追封平棘县男。	顺字德正，四部尚书、高平宣王。	式字景则，西兖州刺史、濮阳侯。	宪字仲轨，扬州刺史，袭濮阳文静伯。	希远字景冲，散骑侍郎、新丰文公。	祖俊，左卫将军，袭濮阳文公。	君策，考功郎中。	胤卿，高陵尉。				
						君约。					
						在颖。					
						君弘，赵郡主簿。	师大，恒安府旅帅。	齐彦。			
							师稚字孝仁，隋谒者台将仕郎。	玄素，丹山簿。	审言。		
									审义。		

							师仲。				
							闲善。				
							收善。				
							惠善。				
						君亮。					
						君仪。	玄度。				
							光悦。	子游。			
								子贡。			
								子哲。			
							嘉璧。	濞。			
								滋。			
							玄恽。				
						稚昌，青州司法参					

						军。					
						君盛，青州司户参军。					
						君褒。					
				希宗字景玄，北齐行上党太守、文简公。	祖升，齐州刺史、贞烈公。	德琏，殷州刺史，以祖揖子继。	师旦，右领军录事。				
							师素。				
							师乔，临涣令。				

							师兰，上柱国、仪同三司。	元穆。	晓。	炅。	金觉。
											暕。
											晈。
											晤，一作昈。
											晦。
								元悦。	昕。	铙。	
										锐。	
									嘉休。		
									皞。		
								元恩，常山	晙，桂州司		

		马。	令。								
	泾。	暄,长州主簿。									
	渭。										
	浐。										
	灞。										
	济。	钧,泗州司仓参军。									
	潜。										
	瀍。										
		植,广州司兵参军。									

					祖勋，北齐右仆射、丹阳文孝公。	德璋，隋宁州司户参军。	知仁。	释意。			
					祖讷，北齐光禄卿。	德瑞，江陵令。	胡摩。				
							正节。				
							正度。				
							正美。				
							正礼。				
						德玘。					
						德珽，州主簿。	政感。	禅师，上骑都尉。	琎。		

					祖揖，北齐冀州别驾、忠公。	德珪，隋司徒史。	行敏，左威卫史。				
							行矩，易州司马。	玄庆，阳武主簿。	怡。		
									悌。	涛。	
										彦方。	
									恽，监门胄曹参军。	词。	倜，尉氏令。
											偱。
											巽。
								玄起，		谏，城	

								钟山丞。		固令。	
									忛，蕲春令。		
									守虚，和津令。	津。	
										深，临安尉。	
									协，温王府参军。		
					祖钦，隋总管府长史、南	德琰。	文范。				

					县子。						
							文则，颍州司仓参军。	延福，光山丞。	昱，清平丞。		
									翁璧，新野丞。		
									曧，南和令。	岫。	
								嗣福，监门直长。	景祥。	珙。	
								嘉福，余干令。	曜，皋平尉。	琇。	

								彝福。	寄客。	俛。	
						德璋，鄂州司户参军。	文敬，内乡丞。	震，溧水尉。	昭，武进丞。		
									绍，栎阳尉。	预。	
									循，来庭尉。	旸，宁陵尉。	
									宏，左补阙。		
									实，内乡丞。		
						德瑛，河间	表庆，左翊	同十，寿阳	齐志，鄚城		

						令。	卫。	令。	尉。		
		弈字景世,后魏都官尚书、安平侯。	庆业,馆陶令。	祖称字叔衡,征虏将军。	孝深。						
				希仁字景山,北齐太子詹事、灵武文昭公。	公源,袭男。	善愿,右卫仓曹参军。	彦之,羽卫尉。				
				希骞字希义,后魏黄门侍郎、文惠公	元卿,隋淮阳令。	大伦,散骑常侍。	承嗣,凤州刺史。	绍先,洛州司户参军。	嵇,当涂主簿。	寿余。	
									岱,鄱阳尉。	君既,单父	

										丞。	
									畲，武康尉。	文炳。	
								奉先，义王文学。	峦，砀山尉。	芳时。	
										欣时。	
										昌时。	
									峃，大理评事。		
									岩。	绲，临海尉。	
										约。	
									嶅。		

									佡，泽州司士参军。		
								义先，舒州长史。	岳，澧州司田参军。	可瞻。	
									岊，苏州参军。	郾。	
										郇。	
										邹。	
									罡，全椒丞。		
								祖先，宫门	茁，寿昌令。	曾，彭城丞。	

								郎。			
						大俨。					
						大衍，云梦主簿。	惠登。	辟恶。			
								恭礼。			
								敬节。			
								敬业。			
								敬道。			
								敬瑜，潞州录事参军。			
						处惠。					
					仲卿，中	文琬。					

					山王开府谘议。					
						文立，右卫翊卫。	公曾，朗山尉。			
						文政，虢州别驾。	思过，泾阳丞。	南容，周王府队正。	忠顺。	
								当璧。	嶷。	
							慎，淮阴令。	贞道。		
							晋客，司农卿、元氏县男。	贞悌，怀州司马，袭男。	昌。	敏子。

	贲子。										
	混。	岧。									
	儒子。										
	遏。	粤，扬州别驾。									
楚。	清。										
缜。											
绚。											
泱，睦州司仓参军，孙孟尝、信陵、颍士。											

											汪。
										泳，建德尉。	昕，义乌尉。
											欢生若愚、恁，苏州司法参军。
										源，河间丞。	璟，无锡丞。
										汾，嘉兴令。	正谏。
											正规。
											五福。
											得一。

上士。											
复庆，常州司户参军。	浚，武康令。										
	和睦。	岑。									
		珍。									
		樽。									
	长倩。	岗，成武令。	贞简，司农卿。								
绛字深之，相宪宗，生璆、	元善，襄州录事参军。										

轸字耀致之；榖字德舆；轩，字史，生州刺史顼，衢岩士。隐，字军，生录参南府司璆，河顼、璋。

之。璋字重礼，宣歙观察使，生说儿，左庶子；慎微；德邻字朋言；少微；德休字表逸，相如

令。									
经，司农少卿，生瑜、昈、况、玭、义、揖。瑜生恰、忻。洽，湘潭尉；忻生连庆。昈，江陵少									

										尹，生琚、蓬、防。琚，石山令；蓬，辰州刺史；防，溆州刺史，生览、画。
									长裕，鄱阳令。	绡，江西观察判官。生珮，扬州参

军;瑕,彭泽主簿;玩,虔州分巡官。	绎,云都令,四子:璥、颛、陶、暧。璥,唐兴令,二子:崇规、崇矩。

崇矩生敬通、延通、教通、乂通、俊通。颢生崇丘、崇鼎。陶，率更丞，生崇节。暖，建德丞，生崇

											威、崇龟。
								贞悫，京兆府法曹参军。	峰，和州司户参军。		
								贞恕，大理评事。	嵩，平原主簿。		
								佺。			
						文乂，鄚丞。					
						文友，东城令。	守仁，永年丞。	同爱。			

								愔。			
								恪，安平游击将军。	撙，右卫亲府郎将。		
									抗，濮阳司户参军。		
									相，茂州参军。		
								憬，秦州刺史。	拯，长洲尉。	象。	
									釭。	幼复。	
									陟。		

						文立，九门丞。					
				希礼字景节，北齐信州刺史、文公。	孝贞字元操，隋冯翊太守、武安县公。	宾王，太子舍人。					
						遵王。					
						让王字㧑道，袭武安县公。					
						师王。					
						来王，思谅，敬忠，皎。					

						散骑常侍。	金部郎中。	许王府典签。			
									昭。		
									暕，都水使者。	琮，易州参军。	
										震，大理丞。	端，临川尉。生虞仲，字见之，中书舍人。
											琨，谷熟令。

											爽，一名奭。
											韶。
											戎生殷、正范。
										彬。	
										昂，仓部员外郎。	胄，比部郎中，生义、重。义，监察御史。
											翼。
											房，陆

浑尉。		钧，临颍主簿，生存范、存诚。存范，检校金部员外郎，生嵩，濮
	松年，常熟尉。	亀年，京兆府司户参军。
	皓，许州司马。	
	敬节，洛州司士参军。	

阳主簿。存诚，中牟尉。	钒，河西令。	铉。	泾。	淑。	铁，余杭主簿，生存亮。	湜。
						鹤年，和州司

	马。									
清，和州长史。										
涉。										
说。										
		晓。								
钜，绵竹丞。	逢年，司农卿。	昕，汴州长史。								
镇，越州参军。										
锜。										
铸，越州录事										

参军。											
镝。											
钚。											
𬭚，河南参军。											
锐。	尧年，会稽令。										
锋。											
钱。											
铦，句容尉。											
	子公。	敬玄，平阳	思言，堂邑								

								令。	令。		
									敬本。		回。
									敬一。	遲。	
										濯。	
										润。	
								敬同。			
								敬宗。	晖，南充尉。	柏舟。	
									晦。		
									望仙。		
									梦周。		
									浮丘。		
								敬之，郑王骑曹参	少弥，顿丘尉。		

								军。			
									晞。		
									晖。		
								敬彝，宣城令。	昶，南皮尉。		
								敬臣。	愿。	恕。	
										怀。	
									盈。	倚。	
										运。	
									檀陀。		
									僧伽。	偃。	
										倨。	
						允王，武安	崇业，滑州司				

				户参军。	尉。						
		迅，襄城丞。	谦，定州长史。	崇德，给事中。							
		迥，临汾主簿。									
	幼积。	造，左威卫录事。									
	继武。										
		进，乐寿令。	诚，大理少卿。								

儒。	彦，太湖令。	选，常州别驾。
处厚。		
士约，萧山令，生邠。	哲，常州录事。	
从约，钱塘令，生部、郁、郇。		
摽。	臻，洪州参军。	
端友。		

										况。	
										洧。	
										泚。	
										洽。	
										湛。	
										浼，左金吾兵曹参军。	符。
										湍。	
										沨，闽尉。	坦。
											埴。
								谌，鄂州司户	遭，谥都令。	坚。	孟宣，苏州录

事。生鹏、镐、锷、擢、损、勗、劻、叔玉、武、式。			
	逭，安州录事参军。	逢，柘城令。	还，大理评事。
参军。			

					孝基，隋晋王文学。	野王，鲁郡功曹。	镇恶，襄城令。	侃，台州司法参军。	昭，郾城令。		
									晚，冀州刺史。	惟贤。	
									晤，伊阙尉。	惟微，淮阴令。	
										惟清，盐城令。	伯容。
								峤字巨山，相武后。	畅，相州刺史。	惟和，大理司直。	琰，合肥令，生长

											倩。
									裕，海州刺史。	惟宁。	
										惟成。	
									粲，濮州刺史。		
									懿，华阴郡太守。	惟岳，监察御史。	
										惟乂，新安主簿。	
						东王，守文。兰客，奉泌。					

						衡水令。		蔚州长史。			
									奉胤。		
									奉胄。		
									邵。		
									彦辅，固安丞。		
									彦庄。		
							守节。				
					孝俊，隋清池令。	寿王，司勋郎中。	翁父。				
							翁孙。				
							翁叔。				

道遇。	铣。	涣，美原丞。	嘉祚，卫州刺史。	世徽，零陵令。	勤王，襄令。						
胐，寿王府参军。											
听希，屯田郎中。	铦，南梁州司功参军。	浚，郓州长史。									
端，饶州刺史，生域。											
		况，右									

									卫长史。		
									注，河池郡太守。	镗，金吾录事。	[illegible]。
											珣。
											璟，饶东主簿。
											瓘，江阳令。
						觐王，晋州刺史。	休徵，东安主簿，以勤王次	嘉会。			

							子继。				
								嘉淳。	多侯。		
								嘉娄。	演。		
									珩。		
									仲子。		
						赞王，兰州长史、濮阳男。	处约。				
							处秘。				
							处义，都水使者。	楚。	华。		
							处恭，乌江	瓌，睦州司	锐。		

			马。	丞。							
		钊。	璲，括仓尉。								
		镮。									
		钺。									
		镐。									
		锽。	珽，屯留丞。								
		镇。									
		铼。									
		钟。									
		芊。	琬，盐城令。	有意，猗氏令。							
		葩。									

		芳。									
	高岳，衡州长史。	芬。									
			琰，汤阴主簿。								
			琛，胙城主簿。								
		萿。	瑗，安次尉。								
		荷。									
		芊。									
		万。									

					孝威，隋大理少卿。	大真，赵州刺史。	构字承业，齐州刺史。	逸客，蒲城令。	怡颜，衡水尉。	鹘。	
									泽。	辩，以怡颜长子继。	
								践一，泌阳丞。			
							承训，杭州司功参军。				
							恪字承				

							敬，汴州司功参军。				
								仙客。			
								践忠。			
									倚，泽州安平府别将。		
										翘，大理评事。	瑞。
											珮，硖石主簿。

											瓀。
										亮，淮西节度参谋、监察御史。	
								践义。	怡，泾丞。	弘简。	
										弘素。	能，宝应尉。
											椅梧。
									佋，左骁卫兵曹参军。		

									僱。		
									俌，玉山尉。		
									伋，萍乡令。		
						太初，许州司马。	宣道，临汾丞。	延孙。			
								延祚，蓨令。	缜，汤阴尉。		
									纾。		
									纵。		
									泽，陆浑尉。	应，苏州刺史。	敬彝。

											敬。
											行余。
							宣德，许州司马。	延祐，信王府功曹参军。	凑，兰州长史。		
									泌。	繁，怀州录事。	
						太冲，雍王友。	固字宋业，翊卫。	元珪字伯成。 如玉，邢州司士参军。			
									恒。		

									幼。		
							隆业，蓝田丞。	重丘，博州参军。			
								重光，翊卫。	唐卿。	璩。	
							嗣业，同州司功参军。	虚己，安邑令。	万，莱州仓曹参军。		
									韶，延陵丞。		
									苕，越州录事参军。		

								恕己，典设郎。	华字遐叔，吏部员外郎。	鹭。	
										肇，大理评事。	
							延业，洪洞令。	光绍，扬州录事。	愍，真定簿。		
							昭业，冀州士曹参军。				
							宣业，	庭秀，	润，淄		

							麟游令。	正平令。	川尉。		
									翊。		
							知业。				
							庆业，陕州司兵参军。	庭光，棣王属。	诜。		
									谭，郓州司功军。		
									谆。		
									和，城父令。	宗师。	
										从古。	

									珙，监利丞。		
							绍先。	粤。			
								峰，滑州司仓参军。			
								嶷，真定令。			
								炭，恒州司法参军。			
							敬业，汲令。	志广，房陵主簿。	郯，著作郎。	璹，京兆府功曹参军。	

										琚。	
					孝衡。	素王，隋左亲仗。	仁亮，于潜令。	延安，潞州司仓参军。	铉，舞阳尉。	琮。	
									镕，鄚令。	徵，灵宝尉。	弘庆、弘范。弘庆，金州刺史，生慎知。
										询，宋城令。	准。
										璘，大	积善。

	理评事。										
群,奉先丞。	瑀,任城令。										
巩。											
袭庆。											
	璲。	钜,新息尉。									
		鉴,稿城令。	延固,安阳令。								
		鋆,长洲尉。									
		表质,密州司									

									仓参军。		
									銮。		
									强城。		
							仁济，栎阳令。	延嗣。	若思。		
									九思，广州司马。	宅相。	
										宝鼎。	
								延宗，棣州刺史。	伯思，深州长史。	琯。	
										玢，临	

	朐令。										
敬道。	玘，临济府司马。	仲思，蓝田尉。									
复，司农寺丞，生睦护。	琳，河南府参军。										
文通，生友直。											
	璆。										
从规。	璩，获嘉尉。										
从矩。											

	瑅。									
	班，巴州司马。									
	瑶，金吾将军。									
	幼廷，连州录事参军。									
		叔思，庐州司马。								
		再思，								

									庐州司马。		
										璲，潭州司户参军。	
										璥，南陵令。	刍，襄城尉。
											从，湘乡尉。
										珵，大理司直。	辅弼，凉州参军。
									季思。		
									昭思。		
								延节，			

								长沙尉。			
								延喜，兵部郎中。	进思。	绍，金吾长史。	惟忠。
											惟孝。
											惟省。
									俨思，荆州司功参军。	锽。	
										铃。	
									令思，萧山丞。	嵩。	

										粤。	
									敬思，上轻车都尉。		
							仁纬，东光令。	同恩，江州刺史。	参，潞州长史。	讽。	
										评，大理评事。	
										论，汜水丞。	
									偃，绵州参军。	广利。	

								延之，坊州刺史。	兰，郸尉。	充，伊阙令。	昭，兴安丞。
											暭，万年尉。
										良，光禄丞。	
										永。	
										下。	
									退思，驾部员外郎。		
									均，怀州参军。	子章，赵城尉。	

	武，大理评事。	𬨎，赵州刺史。	延祐，益州司士参军。								
	真。										
承规，生彰明。	渐，嘉兴尉。	韬，寿王记室。									
士规。											
士矩。											
	潜。										
元成。	潾，都昌尉。										
元用。											
俅，肥	澂，峨										

乡丞。	眉令。										
	弈。	亢，慈州别驾。	延休，华州长史。	仁强。							
	奖，卢城令。	期，襄城令。									
	龈之，端州刺史。										
	茂实。										
	弨字存诚，江夏令。	正辞，六合令。	延纪，常州司功参军。								
	弼，安										

										吉尉。	
										弼。	
									迪,新郑尉。		
									述,东海尉。		
									朝升。		
									正议,全椒令。	招。	
										元辅。	
								延载,平遥令。	怿,益州录事参军。	懔,新兴尉。	缓。
									悍,临	淠,余	

	干令。	涣丞。									
	弁。										
		惇。									
		懻。									
	俛。	瑗，阜城尉。	延昌。								
	信。										
郑卿，襄陵尉，生谏，信丰令。	伦，范令。										
君仲。	倜，宋州参军。										

										准，苻离丞。	
								延雍，衢州兵曹参军。			
	修基，后魏陈留太守。	羡策，秀才。	鸿鸾，河间太守。	士永，清河太守。	希实，通州长史。	孝通，钜鹿太守。	那舍，翊卫。	弘睿。			
								弘操。			
								守藏。			
							善意。				
							善守。				
							君威。				
							君协。				

							君遵。			
							慈师。			
					希杰，皋陵太守。	仲德。				
					希彦，赵州别驾。	道常。	公瑜，汉王参军。	逊言。		
							君淑。			
						德珪。				
						义珪。				
						信璋。				
					希猷。	元素。	孝德。			
				士安，行台郎中。						
				士儁，本						

				州主簿。							
				叔綦，秦州外军参军。							
					希文。		仲贞。				
							观达。				
							仲质。	文长。			
							季确。	君逸。			
		研字探幽，高平太守。	元则，并州长史。	文殊，高平太守。	德润。	彦云。	守顺。				
							守行。				
				孝睿，雁门太守。	德延，漳南令。	治端，同州仓曹参军。	玄徽。				

							玄恪。				
							玄朗。				
							玄肃。				
						治高。					
					德义。	镜。					
						素民。					
曾字庆子，后魏赵郡太守、柏仁懿子。	祥字元善，中书侍郎、平棘宪子。	安世字德舍，相州刺史、假节，赵郡公。	玚字琚罗，岐州刺史。	扮，清河太守。	君正，南皮令。	志道，兵部郎中。	思仁。				
					君伟，朝请大夫。	陈师，清河令。	思礼，长城令。				
					君游。						
	孝伯，后魏	豹子，中山	叔让，湖州	孝绪，后周	延寿，隋	玑衡，	仁颖，	详，太	并，渭	纥。	

	秦州刺史、宣城文昭公。	太守。	长史。	芮城令。	儒林郎。	荆山丞。	都水丞。	子少保。	南尉。		
										纾。	
										缨。	
										纵。	
									交。	纳。	
									申，监察御史。	缉。	荐三子：询古、延嗣、龟谋。询古字垂卿；延嗣字耀卿；

龟谋字直卿，生技，字有之。											
	辑。										
君系。	衮，秘书郎。	丹，浙西观察使。									
续，曹州刺史，生近仁、体仁。近仁汝	事举，苏州刺史。	何忌，谏议大夫。	讷，左庶子。								

州刺史，生煦、熏，煦字秉融。体仁江州刺史，生崇鼎、成彦，崇鼎字重周。

子父，上党令。

		懿，凌仪尉。	谌，监察御史。								
		居中，光禄主簿。									
	位。	准，常州司士参军。									
		遇，江都尉。									
		仲连。	诚，河南府法曹参军。								
		秀。									

								谦。			
								诜。			
							仁轨。				
							仁则。	洎。	旭。	奉初。	存。
											达。
				孝约，司徒录事参军。	子行，豫州刺史。	玫。	师本。				
				孝纯。	子廉。	环。	师干。	玄珪。			

东祖之后又有谓。

谓，隋南和公。	爽，左金吾卫将军。	震，太子中允。	光朝，鄂州司马。	仲埶，盐铁判官、兼监察御史。	珏字待价，相文宗。	阶，度支判官、兼殿中侍御					

					史。				
					弱翁，盐铁判官、兼监察御史。				
					谱字昌之，衮海从事、校书郎。				
					愈，密尉。				

西祖劲字少黄，晋治书侍御史。二子：盛、隆。

盛，中书侍郎。	缵字纬业，太子祭酒。	延字绍元，后魏假赵郡太守。	建。					公淹，右司郎中。	自勗，膳部员外郎。		
									自挹，杭州刺史。	令志。	
										藏诸。	雄。
											萱，绛州刺史。
			连。			抟，固始令。	惠明，熊州司仓佐。	大智，新政令。	尚一。		

宓，益州司马，知留后。	宁。	宙，殿中侍御史。	审，左司郎中。	宿，缑
尚贞，博州刺史。	乂字尚真，中山贞公。			

										氏尉。	
			龟字神龟，后魏州主簿。	凤林。	裔字徽伯，以秀林子继，陕州刺史、固安县伯。	子雄，隋河北道行台兵部尚书、高都郡公。	公宏。				
							公挺，袭高都郡公。	世辩。			
								纬，户部尚书。			
				秀林，后魏	伯茂					景昕。	仲云，

				定州大中正。							左司员外郎。
											叔云，监察御史，生摸。
		休字绍则，后魏散骑侍郎。	诜字令世，京兆太守。				士衡，赵州刺史。				
	袭。	阁。	杰。						公敏。	怀远，相武后。	景伯，礼部侍郎，生彭年、乔年。彭年，

											吏部侍郎，生收、孚。收，给事中。乔年，右司郎中。
			侔。		侍显。						
					侍和。		彦琮，赵州长史。	嗣真，太常卿。	默之。		
隆字太彝，后魏阜城令。	谋，幕令。	晒，始平太守。	伯膺，东郡太守。		弘节，北齐广平郡守。	道谦，太府卿。	思恭，韶州刺史。	同亨。	涣。		

		洽，兼御史中丞。		去伐。							
巽字令叔，吏部尚书、度支盐铁转运使，生绍、继、纾、编、缄。绍，凤翔节度判官。	嶷，右武卫录事参军。	承胤，江州别驾。	知让，长水主簿。	齐庄，仓部员外郎。	道信。						

											继，京兆府参军，生荆、荐，荆字处中，荐字茂颖。缄字德高。
		谋孙元称，后魏廷尉。		孝恭。	怀柔。	祖威，仓部郎中。	思行，嘉州刺史，乐安公。	辟邪，陕州刺史。			
					怀宗。	君逸，	肃然。	载。	栖筠字	老彭，	

								隋谒者台郎。			贞一，赞皇文献公。	侍御史。		
												吉甫字弘宪，相宪宗。	德修，楚州刺史。	
													德裕字文饶，相文、武。生椅、浑、烨。浑比部员外郎。	

烨，郴尉，生殷衡、延古。殷衡，右补阙，延古，司勋员外郎。											
恭懿。	叔度，左谏议大夫。	玄乂。	自然。								
行谌。											
行敏。											

											行恭生启。
										叔仪。	

辽东李氏：玑少子齐，赵相，初居中山，十三世孙宝，字君长，后汉玄菟都尉，徙襄平。生雄，车骑长史。生亮，字威明，原武令。生敏，河内太守。生信。生胤，字宣伯，晋司徒、广陆成侯。生固，字万基，散骑郎。生志，字彦道，阳平太守、嗣广陆侯。弟沉，沉孙根。

根，后燕中书令。	宣，邺郡守、龙骧将军。	贵，后魏征东将军、汝南公。	永，太中大夫。	弼字景和，后周太师、陇西武公。	耀，开府、邢国公。	宽，隋梁州总管、蒲山公。	密字玄邃。	知古，右台监察里行。			
							匡民。				
						伟，左千牛卫将军。	檀，亳州刺史、敦煌	暕，永阳郡长史，袭	铄字浩，清江、汧	澄，义成节度使、武	克宁。

							公。	敦煌公。	阳太守，袭敦煌公。	威郡王。	
										温，太仆少卿。	
					晖。						
					安。						
					衍，后周太宫伯、真乡夙公。	仲威。					
								承休。	泌字长源，相	绾，高陵尉。	

	繁，和州刺史。	纙，咸阳尉。	铁，涪州刺史。	绚，华州文学。			
德宗。					昺。		
						仲文。	仲武。

						义方。	元通。				
						仲贤。					
					纶。	长。					
						稚。					
									知古。		
									翁归。		
					晏。						
					椿。			祖光。			
									元素字大祁，户部尚书。		

江夏李氏:汉酒泉太守护次子昭,昭少子就,后汉会稽太守、高阳侯,徙居江夏平春。六世孙式,字景则,东晋侍中。生嶷。嶷生尚,字茂仲。生矩字茂约,江州刺史。生充,字弘度,中书侍郎。生颙,郡举孝

廉，七世孙元哲。

元哲，徙居广陵。	善，兰台郎。	邕字泰和，北海太守。	岐。	正臣，大理卿。	渐。	师谅。					
						师稷。	诰字思翰。	韫字内文。			
			颍。	正叔，工部员外郎。	翘。	谔字德远。					
				正卿。	公敏。	潜字德隐。					
						沆字映之。					
	昉。	璞，郓州司户参军。	暄，起居郎。	郓。							
				鄘字建侯，	拭，起居	磎字景	沈字东				

				相宪宗。	舍人。	望，相昭宗。	济。				

汉中李氏：汉东郡太守、太常卿武孙颉，后汉博士，始居汉中南郑。生郃，字孟节，司徒。生固，字子坚，太尉。生三子：基字宪公，兹字季公，燮字德公，安平相。十二世孙德林。

德林，隋内史、安平公。	百药、礼部侍郎、宗正卿、安平文公。	安期，相高宗。	宗师，鄄城令。	羲仲，中书舍人。	泳。	茁。					
						菑。					
			宗臣。								
			宗玄。								
			宗墨。	容成，寿春太守。							

				力牧，余杭太守。	良相。							
					良卿。							
				夷吾，竟陵太守。	干，同州司户参军。	端。						
						序，殿中侍御史。						

赵郡李氏定著六房：其一曰南祖，二曰东祖，三曰西祖，四曰辽东，五曰江夏，六曰汉中。宰相十七人。南祖有游道、藩、固言、日知、敬玄、绅、元素；东祖有绛、峤、珏；西祖有怀远、吉甫、德裕；辽东有泌；江夏有鄘、磎；汉中有安期。